3개월 안에 매출 300% 오르는
네이버 플레이스

3개월 안에 매출 300% 오르는
네이버 플레이스

전원택 지음

매일경제신문사

추천사

Q : 최소의 비용으로 최대의 매출을 올릴 수 있는 방법은 무엇일까?

A : 네이버 스마트플레이스를 제대로 이해하고 적극적으로 활용하기!

안녕하세요, 여러분.

소상공인을 위한 온라인 마케팅 전문가 과정을 1기부터 21기까지 약 7년 동안 꾸준히 진행하고 있는 김영갑 교수입니다. 이 책의 추천에 앞서 Q&A 형식으로 제가 드리려는 말씀의 결론을 제시해봤습니다. 매출을 극대화하기 위해 산업 현장에서 고군분투하고 있는 소상공인 사업자라면, 지금부터 네이버 스마트플레이스와 친해지고, 가장 잘 활용하는 전문가가 되어야 합니다. 왜 네이버 스마트플레이스와 친해져야 하는지 이유가 궁금하시겠죠? 구구절절 글로 쓰기보다는 몇 가지 실제 성공사례를 제시해드리겠습니다.

첫째, 속초751샌드위치는 네이버 스마트플레이스 세팅에서 업종 변경만 하고 매출 200% 성장을 경험했습니다.

둘째, 네이버 플레이스 통계와 점포 매출액과의 관계성을 이해하고 관리만 하더라도 매출액 200% 성장을 달성한 실제 사례입니다.

셋째, 시민식당을 대상으로 실시한 영수증 리뷰와 블로그 리뷰의 비교 실험 결과를 통해 온라인 마케팅의 방향성과 효과를 확인할 수 있습니다.

넷째, 네이버 스마트플레이스를 이해한 후, 블로그 글쓰기를 통해 3개월 만에 매출 300% 성장을 이뤄낸 뉴욕삼합의 사례는 소상공인 사업자분들에게 시사하는 바가 큽니다.

출처 : 유튜브 '김영갑교수TV'

저는 온라인 마케팅 전문가 과정을 진행하며 많은 연구와 경험을 통해 소상공인 사업자에게 가장 유용한 방법을 찾기 위해 노력해왔습니다. 앞의 사례에서 보신 바와 같이 소상공인 사업자가 최소의 비용으로 최대의 효과를 올릴 수 있는 최선의 온라인 마케팅 방법은 '네이버 스마트플레이스' 활용입니다. 이 책은 네이버 스마트플레이스를 활용해서 매출을 올리는 방법을 누구나 쉽게 따라 할 수 있도록 정리했습니다. 이 책의 내용을 모두 섭렵하신 후, 자신의 점포에 맞게 실행한다면 누구나 단기간에 매출 성장을 경험하게 될 것이라 믿습니다. 갈수록 치열해지는 온라인 마케팅 경쟁 속에서 최선을 다해 매출액 증대를 위해 노력하는 소상공인 사업자 여러분의 건승을 기원합니다.

한양사이버대학교 호텔외식경영학과 교수

온라인마케팅 전문가 과정 주임교수 김영갑

외식업은 코로나19의 상흔이 채 가시기 전에 금리 인상, 물가 급등, 인력난 등으로 또다시 생존을 위협받고 있습니다. 더욱 심각한 것은 업체 유지에 필요한 최소 고객 확보마저도 어려운 상황이라는 점입니다. 고객 확보와 유지를 위한 가성비 높은 마케팅 전략이 절실한 시점이지요. 최근 들어 인터넷에 의존하는 외식 소비자들이 크게 늘면서 네이버를 활용한 온라인 마케팅이 크게 주목받고 있습니다. 네이버 플레이스는 네이버 지도와 연계해 매장의 상세 정보를 검색하고 위치, 메뉴 서비스, 네이버 예약, 네이버 주문, 네이버 톡톡 등 매장을 이용하는 데 필요한 다양한 정보를 확인할 수 있는 서비스입니다. 이 책은 저자가 현장에서 고민하고 직접 체득한 네이버 스마트플레이스 노하우를 알기 쉽게 전달하고 있는 책입니다. 특히 온라인 마케팅에 익숙하지 않은 초보도 쉽게 따라 할 수 있도록 친절하게 설명하고 있는 것이 눈에 띕니다. 외식업체들에게 성공적인 온라인 마케팅에 도움이 되는 훌륭한 가이드북이 될 것으로 기대합니다.

한국외식업중앙회 한국외식산업연구원 원장

신한대학교 외식산업최고경영자과정 주임교수 박영수

수년 전 스마트플레이스 초창기 시절, 기본적인 것은 지금과 같지만, 그 당시에는 스마트콜과 분리되어 있었습니다. 그런데 최근, 여러 업체를 컨설팅하면서 세팅을 해드렸는데 정말 많이 변해 있었습니다. 네이버 스마트플레이스는 고객이 매장을 만나는 첫 만남의 장소로 자리매김하고 있더군요. 전남 유명 관광지에서 한식 식당을 하는 분의 식당 홍보를 위해 스마트플레이스, 스마트콜, 네이버 예약 그리고 네이버 광고까지 세팅하고 컨설팅해준 적이 있었습니다. 요즘같이 경기가 좋지 않은 시기에도 네이버 플레이스를 통해 적지 않은 손님들이 찾아온다고 합니다.

이 책은 네이버 플레이스를 잘 활용하면 보이지 않는 고객과의 소통뿐만 아니라 매출의 증대에도 큰 도움을 받을 수 있다는 것을 알려줍니다. 당연히 브랜드 이미지의 상승 효과도 도모할 수 있습니다. 다

루는 내용으로는 스마트플레이스 가입 방법부터 시작해 스마트플레이스를 활용한 마케팅 전략, 예약 및 주문 기능, 리뷰 관리, 이벤트 및 광고 활용 방법까지 다양하게 진행됩니다. 특히 스마트플레이스를 활용해 고객을 끌어들이는 방법과 온라인 상위노출을 위한 꿀팁, 그리고 리뷰를 활용한 마케팅 전략 등 매우 유용한 정보가 담겨 있습니다. 이 책을 읽고 스마트플레이스를 활용해 비즈니스를 성장시키는 계기가 되길 바랍니다.

스마트소셜협동조합 이사장/스마트마케터 최학룡

코로나 시대를 지나다 보니, 어느덧 매장에도 적지 않은 변화가 찾아왔습니다. 로봇 서빙, 키오스크 주문 등등, 코로나로 인한 비대면 서비스가 한 단계 발전하고 있습니다. 그러다 보니 네이버에서 하는 지도 서비스인 네이버 플레이스도 각광을 받고 있는데요. 기존의 지도 서비스에서 한 걸음 더 나아가 예약, 주문, 쿠폰 발행, 마케팅까지, 손 안의 마케팅 서비스로 변화를 거듭하고 있습니다. 이제는 네이버 스마트플레이스를 활용하면 1인 가게라 할지라도 사장님들이 어렵지 않게 매장 운영을 할 수 있습니다. 내 가게인 만큼 번거롭더라도 네이버 스마트플레이스를 배워 손수 세팅하고 통계도 보며, 고객들의 유입 키워드 등을 직접 관리해야 합니다. 고객과의 디지털 소통을 늘려가며, 우리 가게의 온라인 마케팅 중심에 서야 합니다.

이제는 고객과의 만남도 대면과 비대면을 함께해야 합니다. 대면과 비대면을 혼용해서 '어떻게 하면 고객에게 좀 더 나은 서비스를 해줄 수 있을까?'를 고민해야 할 때입니다. 스마트플레이스뿐만 아니라 네이버에서 제공해주는 여러 서비스, 네이버 톡톡, 예약, 주문, 스마트콜 등을 적극적으로 활용하면 이런 고민을 크게 덜 수 있습니다. 외식업 대표님들도 이 책을 보시고 하나씩 하나씩 해보시면 어렵지 않게 하실 수 있습니다.

의정축산 대표 남효진

고객은 이제 온라인에서 상품을 구매하고 결제하는 것에 익숙합니다. 새로운 사업을 시작하든, 기존의 사업을 개선하고 확장하든, 한 업체를 꾸려나가는 사업주라면 변화의 흐름을 읽어내고 그에 능동적으로 대처해야 합니다. 그래야 무한경쟁의 세상 속에서 겨우 살아남을 수 있습니다. 불과 몇 년 전만 해도 세상이 이렇게 변할 줄은 아무도 예상하지 못했을 것입니다. 이제 사람들은 대형마트, 대형백화점에서 장을 보기보다 온라인에서 쇼핑하기를 즐깁니다. 오피스텔 바로 아래 카페에 음료를 사러 부리나케 달려가던 예전과 달리 지금은 집에서 편안하게 주문을 하고, 음료가 나올 시간에 맞춰서 슬슬 걸어갑니다.

지금으로부터 1년 뒤에는 또 다른 기술이 우리의 삶을 변화시킬지도 모릅니다. 아니, 불과 몇 달 안에도 가능하겠죠. 기술이 발전하는 속도가 빠른 만큼 그 속도를 따라가려면 공부하는 수밖에 없습니다. 자칫하다가는 아무것도 모른 채 멍하니 도태됩니다. 다행히 기술이 편리해진 만큼 습득하는 절차도 쉬워지고 있습니다. 우리의 삶이 앞으로 어떻게 변화될지 궁금합니다. 자연스럽게 받아들일 수 있도록 저는 계속 공부를 해야 하겠습니다. 이 책을 다 보실 때쯤, 대표님들의 변화된 모습이 궁금해집니다.

㈜물과소금 대표이사 안성원

온라인 마케팅 전문가이면서 다양한 홍보 기법을 적용하시던 전원택 대표는 경기북부 의정부에서 제가 운영하는 한방병원의 네이버 광고와 지역 광고에 대해서 다양하고 좋은 의견을 주셨습니다. 저는 한방병원 의사로서 이 책을 읽고 깊은 인상을 받았습니다. 지금 시대는 온라인 마케팅이 매우 중요한 역할을 하고 있으며, 이 책은 그중에서도 소상공인들이 절실히 필요로 하는 온라인 마케팅 관련 기술과 전략을 구체적으로 설명하고 있습니다. 저자는 자신의 경험과 노하우를 적극적으로 공유해 매장을 운영하는 소상공인들이 실제로 실행할 수 있는 실용적인 지식을 제공하고 있습니다.

단순히 홍보나 광고의 효과만으로 사업의 승패가 판가름 나지는 않습니다. 하지만 광고와 홍보의 기초를 탄탄하게 잡아놓는 것은 기본적으로 갖춰야 할 준비이며, 이것을 등한시할 때 많은 시간과 노력을 손해 보게 됩니다. 인력 관리, 서비스나 실력에 대한 노력, 전체적인 마케팅 방향 등은 매장을 운영하는 사업주라면 많은 신경을 써야 합니다. 이 분야의 전문가인 저자의 경험과 지식이 담긴 이 책을 참고한다면 소상공인이 안고 있는 마음의 짐을 한결 덜 수 있을 것입니다.

바를정 한방병원 병원장 하지훈

얼마 전 집에 커튼과 블라인드를 설치할 때 매장을 방문하지 않고, 손품으로 모든 정보를 검색해 업체를 선택하고 시공을 진행하면서 최상의 만족도를 느꼈습니다. 또 늦은 시간 집에 가는 길에 아이스크림을 사갈 때도 스마트폰으로 현재 방문이 가능한 근처 매장을 찾아 위치를 확인하고, 메뉴를 미리 훑어보며 방문해 시간 절약의 효과를 누렸습니다. 요즘 시대, 거의 모든 사람의 일상이 이런 모습이지 않을까 생각해봅니다.

책에서는 스마트플레이스 가입부터 정보 입력, 그리고 노출을 위한 다양한 팁들을 놓치지 않고 자세히 설명하고 있습니다. 하나씩 읽으면서 따라 하고, 활용하면 이는 곧 매출과 연결될 것이라 확신합니다.

이 책의 저자인 전원택 대표님은 소상공인을 위한 코칭을 오랜 시간 진행하면서 스마트플레이스에 관한 책 출판을 절실하게 느끼셨다고 합니다. 저자의 강의 노하우과 경험, 지식이 고스란히 담긴 이 책을 보면 저자의 열정이 그대로 느껴집니다. 한마디로 이 책은 전원택스럽습니다. 끊임없는 자기 투자와 노력의 결과가 이 한 권의 책으로 증명되는 만큼 여러분에게 많은 도움이 될 것입니다.

구글 스프레드시트 전문강사/스마트아이콘 대표 조희영

내가 1인 사장님이라면?

최근의 뉴스를 보고 있으면 답답한 마음이 먼저 듭니다. 인플레이션, 불경기에 구인난, 가족경영에 돌입한 자영업자들. 어딜 둘러보나 모두 한숨뿐입니다. 코로나19가 예상 밖으로 장기전으로 치닫게 되면서 그 후유증이 전 세계적으로 나타나고 있기 때문입니다.

이제는 각자도생이라고들 말합니다. 누군가에 기댈 수 있는 형편이 못됩니다. 여기도 힘들고 저기도 힘들어서 꾸역꾸역 혼자 버티고 일어서고, 또 버텨야 세상을 살아갈 수 있게 되었습니다.

허허벌판에 혼자 서 있다고 생각하면 얼마나 외로울까요? 막연한 두려움과 공포감이 밀려들 수밖에 없겠죠. 제가 만약 1인 사장님이라면 더욱 그런 마음이 들 것 같습니다. 누군가에게 고충을 털어놓기도 뭐하고, 힘든 일을 나눠서 하기도 어려운 1인 사장님. 우리나라에는 그런 1인 사장님이 정말 많습니다.

다행히 기술의 발달이 1인 사장님의 희망이 되고 있습니다. 네이버에서 제공하는 플레이스 관리 도구 '네이버 스마트플레이스'가 그 대표격이라고 볼 수 있죠. 소상공인, 자영업자의 일손을 덜어주는 '네이버 스마트플레이스'는 가파른 성장세를 타고 있습니다. 그만큼 이런 관리 도구가 시장에 필요했다는 방증이기도 합니다.

네이버는 '네이버 스마트플레이스'에 연계할 수 있는 다른 관리 도구도 함께 선보이고 있습니다. 네이버 예약, 네이버 주문, 네이버 톡톡 등이 바로 그것입니다. 이들은 구인난에 시달리는 사장님들의 구원투수가 되고 있습니다.

이 책에서는 네이버 스마트플레이스가 무엇인지와 스마트플레이스를 어떻게 세팅하고 활용해야 하는지, 그리고 네이버 광고는 어떻게 해야 저비용, 고효율적으로 운영할 수 있는지에 대해 알아봅니다.

제1장에서는 온라인 마케팅의 첫걸음으로 네이버 스마트플레이스가 어떤 서비스인지를 알려드립니다. 우리 매장의 온라인 첫인상인 스마트플레이스와 검색으로 유입된 고객들을 매출 상승으로 유도하고, 스마트플레이스는 어떻게 가입하는지 하는 방법 등입니다.

제2장에서는 어떻게 해야 네이버에서 상위노출되는지를 알려드립니다. 광고업체에서 해주는 잠깐 동안의 상위노출이 아니라 어뷰징에 걸리지 않고 장기적으로 상위노출을 하기 위해 어떻게 해야 하는지를 알아봅니다.

제3장에서는 네이버 서비스인 예약, 주문, 톡톡 그리고 네이버 광고를 최소 비용으로 최대의 효과를 내기 위해서는 어떻게 해야 하는지를 담았습니다.

세상이 급박하게 변하는 만큼 우리의 삶의 질도 좋아지기를 희망합니다. 누군가 어려움에 부닥친 사람이 있다면 서로 손을 붙잡고 일어설 수 있는 세상이 되었으면 합니다. 사업주 대표님들이 이 책을 통해 제가 내민 손을 잡아 세상을 좀 더 편리하게 살아갈 수 있는 방법을 터득하시기를 소망합니다.

의정부역 사무실에서 전원택

CONTENTS

제2장

스마트플레이스를 알면 나도 영업 최강자!

제3장

더 많은 고객을 내 가게로! – 네이버 '예약, 주문, 톡톡, 광고'

제1장

비즈니스의 첫걸음,
네이버 플레이스

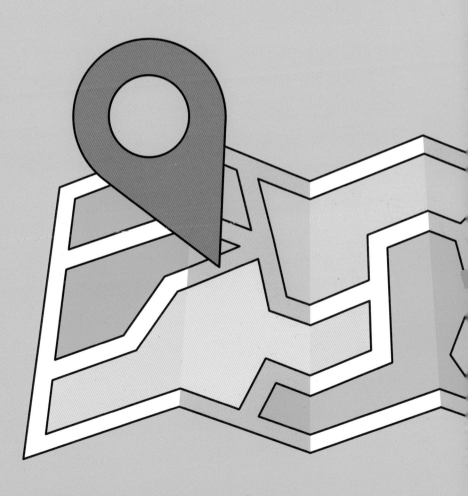

고객은 이제 발품이 아닌 손품을 판다!

집에서 쉬고 있는데 갑자기 심심해집니다. '뭐 놀거리, 볼거리, 먹을 거리 없을까?' 이런 생각이 드는 순간, 여러분은 무엇부터 하시나요? 무작정 재미를 찾아서 신발을 신고 현관문을 나서나요? 물론 바람 따라 마음 따라 즉흥적으로 나서는 길도 좋지만, 요즘은 어떤 일이 어떤 장소에서 재미있게 펼쳐지는지 사전에 정보를 알고 나서는 경우가 많습니다.

때마침 부대찌개가 먹고 싶어져서 정보를 찾기 시작합니다. 컴퓨터를 켜거나 간단하게 스마트폰을 들고 이것저것을 살펴보기 시작하죠. '부대찌개' 하면 의정부! 연관 검색어로 뜬 정보를 찾아 의정부 부대찌개거리를 검색하기 시작합니다. 발로 나서기 전에 손부터 나서서 오늘의 즐길거리를 찾습니다.

N 의정부부대찌개축제

통합   VIEW   이미지   지식iN   인플루언서   동영상   쇼핑   **뉴스**   어학사전   지도   ···

M 문화일보   📖 10면 1단   2023.03.17.   네이버뉴스

'햄·김치' 기본으로 승부... 60년 세월이 끓인 **부대찌개**[우리 동네 '...
들어서 '**의정부 부대찌개** 거리'가 만들어졌다. 이 거리에 **부대찌개** 전문 음식점 22
곳이 있다. 이... 아울러 이 거리 음식점 12곳이 모여 2006년부터 **축제**를 열어왔다....

◆ 중도일보   2023.03.04.

'**의정부 부대찌개축제**' 2023년 경기관광축제 첫 선정
= 경기 의정부시 상권 활성화 재단 은 '**의정부 부대찌개축제**'가 대표적인 '2023년
경기관광축제'에 선정됐다고 밝혔다. 경기도는 '2023년 경기관광축제'선정과 관...

fn 파이낸셜뉴스 **PiCK**   📖 25면 1단   2023.02.26.   네이버뉴스

실향민 역사 담긴 행복로로... **부대찌개** 등 맛집 찾는 재미도 [길 위...
의정부시는 부대찌개를 관광자원으로 활용하기 위해 부대찌개 거리를 간판이 아름
다운거리로 지정하고, 2006년부터 매년 가을 **의정부 부대찌개축제**를 열고 있다. ...

경기신문   2023.03.01.

경기도, 지역 대표 우수축제 23개 선정...**축제** 당 최대 1억원 지원
또 ▲의정부블랙뮤직페스티벌▲**의정부부대찌개축제** ▲광명동굴대한민국와인페스
티벌 ▲군포철쭉축제 ▲양주회암사지왕실축제 ▲이천쌀문화축제 ▲이천도자기...

> 경기도, 시흥월곶포구축제 등 우수 지역...   연합뉴스   2023.03.01.   네이버뉴스
> 23개 우수 지역 **축제** 뽑아보니...키워드는   세계일보   2023.03.01.   네이버뉴스
> 경기도 '화성시 뱃놀이축제' 등 23개 우...   스포츠서울   2023.03.01.   네이버뉴스
> 경기도 올해 우수 지역축제 23개 선정..."지역경제 활성화...   뉴스핌   2023.03.01.

관련뉴스 25건 전체보기 >

♨ 국민일보   📖 14면 1단   2023.03.02.   네이버뉴스

경기 고양행주문화제 등 대표 지역축제 23개 선정
의정부블랙뮤직페스티벌, **의정부부대찌개축제**, 광명동굴대한민국와인페스티벌, 군
포철쭉축제, 양주회암사지왕실축제, 이천쌀문화축제, 이천도자기축제, 포천명성...

> 경기도, 고양행주문화제· 이천쌀문화축제 등 우...   투어코리아뉴스   2023.03.02
> 경기도, 포천명성산억새꽃축제 등 우수 지역축...   한국농어촌방송   2023.03.02.
> 경기도, 군포 설쭉축제 등 대표 우수 지역축제 23...   군포시민신문   2023.03.02.
> 경기도, 시흥월곶포구축제 등 대표 우...   스포츠동아   2023.03.02.   네이버뉴스

관련뉴스 8건 전체보기 >

검색해보니 이런 정보가 뜨는군요. 의정부 부대찌개축제로 가볼까요?

출처 : 네이버 검색

가보고 싶은 식당도 검색해봅니다.

이렇듯 요즘은 발품을 직접 팔아 나서기 전에 손품부터 팔아 정보를 찾고 확인한 다음, 그 장소로 찾아가는 문화가 자리 잡았습니다. 어디 즐길거리, 놀거리뿐일까요? 물건을 살 때도 온라인으로 먼저 검색하고 상품의 질이나 평을 확인한 다음, 구매하는 것이 일반화되고 있습니다. 즉, 온라인이 대세가 되고 있는 셈인 거죠.

비대면 문화가 온라인의 활성화를 앞당기다

사실 온라인 구입은 예전부터 있었습니다. 그런데 코로나19가 전 세계적으로 확산하면서 비대면 문화가 형성되었고, 온라인 구입은 폭

발적으로 성장했습니다. 사람들은 직접 마트에 가서 식재료를 고르는 것보다 온라인으로 집에서 편하게 주문하는 것을 선호하게 되었죠. 어디 식재료뿐인가요? 책, 가구, 전자제품 등 지구상에 나와 있는 거의 모든 상품이 온라인 주문으로 배달이 가능합니다. 온라인은 비대면 문화의 바람을 타고 이제 없는 게 없는, 모든 것을 구할 수 있는 시장이 되었습니다.

온라인의 활성화로 우리의 쇼핑은 더욱 편리해졌습니다. 안방에서, 사무실에서 쉽게 상품의 정보를 얻을 수 있게 된 거죠. 일찍이 스마트폰에 익숙했던 10대, 20대를 겨냥한 시장뿐만 아니라, 직접 눈으로 봐야 구매를 했던 중장년층까지 온라인에 유입되면서 상품 종류의 폭도 크게 다양해졌습니다. 종류가 다양해진 만큼 고객은 더욱 편리하게 검색만으로 가격 비교 등을 하면서 선택을 자유롭게 할 수 있게 되었습니다.

그런데 상품에는 꼭 '물건'만 있는 게 아닙니다. '서비스'도 있습니다. 고객은 이제 헬스, 피부미용, 요가, 필라테스 등 돈을 내고 누릴 수 있는 서비스 정보도 온라인으로 찾습니다. 갑자기 따끈한 우동 국물이 생각이 난다면 여러분은 어떻게 하시겠습니까? 지인에게 부근의 우동집 정보를 직접 물어볼 수도 있지만, 대개 온라인으로 검색을 시작할 것입니다.

자, 어디 시뮬레이션을 해볼까요? 이제는 날씨가 제법 쌀쌀해져서 따끈한 우동 국물이 생각나네요. 제가 있는 지역이 의정부니까, 네이버 검색창에 '의정부 우동집'이라고 한번 검색해보겠습니다.

네이버 검색창에 '의정부 우동집'이라고 검색했습니다.

출처 : 네이버(이하 동일)

어떠신가요? 네이버 검색창에 '의정부 우동집'이라고만 쳐도 이렇게 많은 정보가 순식간에 쏟아집니다. 발품을 팔지 않고 손품만으로 찾고자 하는 우동집의 정보를 짧은 시간에 쉽게 알아낼 수 있죠. 우동집 이름뿐만 아니라 우동집의 위치, 건물의 외형, 내부 인테리어 등 모든 것을 한 번에 알아낼 수 있습니다.

내가 있는 현재 위치와 가까운지 등, 알고 싶은 정보를 간편하게 손품으로 알 수 있습니다. PC와 스마트폰만 있다면 세상의 모든 정보는 이제 내 손안에 있는 셈인 거죠.

PC와 스마트폰은 그 이전에도 있었지만, 비대면 문화의 확산으로 그 안의 구성이 더 섬세하고, 정교하며, 알기 쉽게, 그리고 접근하기 편리한 일종의 '규격'을 잡아나가고 있습니다. 즉, 중구난방식이 아닌, 어떤 '툴' 안에 들어가야 정보의 접근이 쉬워졌다는 것을 의미합니다.

SNS를 하려면 페이스북, 인스타그램, 블로그 등을 해야 하는 것처럼, 동영상으로 나를 알리려면 유튜브, 틱톡을 해야 하는 것처럼 말이죠. 그렇다면 온라인 마케팅의 효과를 톡톡히 보려면 무엇을 해야 할까요? 바로 '네이버 플레이스'입니다.

이제 고객은 온라인 검색의 달인이 뇌었습니다. 알고 싶은 정보가 있으면 일단 검색을 하고 봅니다. 내가 찾는 물건이나 서비스가 온라인에서 일목요연하게 정리가 되어 있는지, 아닌지에 따라 고객의 유입, 선택, 매출이 달라집니다. 이제 대세는 온라인입니다. 그 중심에 '네이버 플레이스'가 있습니다.

우리 매장의 온라인 첫인상, 네이버 플레이스

네이버는 네이버 지도와 연계해 고객이 가게나 업체의 상세 정보를 검색하고 확인할 수 있는 '네이버 플레이스'를 서비스하고 있습니다. 고객은 자신이 알고 싶은 가게나 업체의 정보를 네이버 검색창에 검색하면, 그에 맞는 내용을 바로 확인할 수 있죠.

가게나 업체의 위치, 영업시간, 휴무일, 주차장의 유무 등을 '네이버 플레이스'를 통해 바로 알 수 있습니다. 그 밖에 업체의 간단한 소개글, 공식 홈페이지나 블로그 등의 웹주소, 메뉴 사진, 서비스 내용 등도 간편하게 알 수가 있죠. 고객은 이 '네이버 플레이스'를 통해 정보를 얻을 수 있는데, 이 플레이스를 가게나 업체 사장님들이 관리할 수 있도록 만든 관리 도구가 바로 '네이버 스마트플레이스'입니다.

저는 지금 소고기 맛집을 찾는 고객입니다. 고객 입장에서 소고기 맛집을 찾아내기 위해 네이버에서 검색을 해봅니다. 자, 검색창에 '소고기 맛집'을 쳐봅니다. 저희 집이 의정부니까 그와 관련한 정보가 주르륵 쏟아집니다. 그중에서 가보고 싶은 소고기집을 골라봅니다. 그러면 다음과 같은 화면이 뜹니다.

고객이 식당 이름을 검색하면 이렇게 바로 뜨는 화면이 '네이버 플레이스'입니다. 식당 이름, 주소, 영업시간, 전화번호 등이 서비스로 제공됩니다.

그런데 '의정축산'의 검색 결과와 다음의 '뉴욕삼합'의 검색 결과에서 다른 부분이 있죠? '네이버 예약'과 '네이버 톡톡'의 설정 유무입니다.

예전 같으면 전화 주문이 대부분이겠지만, 요즘은 네이버 예약과 주문도 많이 활성화되었기 때문에 이런 부분의 차별점이 영업의 승패를 가르는 큰 요인이 됩니다.

식당 이름을 클릭해서 들어가면 상세한 지도 안내 서비스를 받을 수 있습니다. 이렇듯 찾아가기 쉽게 구성되어 있다는 점은 '네이버 플레이스'의 장점입니다.

가게의 첫인상을 좋게 하려면 어떻게 해야 할까요? 모든 사업주의 고민일 것입니다. 오프라인 매장이라면 외관부터 깔끔하게 하고 청소도 열심히 하고 메뉴 개발에도 신경 쓰며 찾아오는 고객에게 친절히 응대하려고 노력할 것입니다. 그런데 지금은 고객들 거의 대부분이 온라인 검색으로 유입된다고 앞서 말씀드렸습니다.

그렇다면 첫 관문인 '네이버 플레이스'를 깔끔하게 정돈할 필요가 있겠죠? 일단 검색부터 쉽게 되기 위해 '네이버 플레이스'에 업체를 등록하고 사진도 깔끔하게 찍어서 온라인 고객들에게 보여주고, 메뉴 소개 등 간단한 업체 소개글도 써서 고객의 시선을 붙잡아야 합니다. 그 노력의 과정이 바로 '네이버 스마트플레이스' 관리 도구 활용입니다.

관리 도구라고 하니 시작도 하기 전에 겁먹는 분들이 있습니다. 하지만 전혀 어렵지 않습니다. 제가 책에서 알려드리는 내용을 차근히 따라 하다 보면 '네이버 스마트플레이스'의 100% 활용법을 제대로 익히실 수가 있습니다.

네이버 검색창에서 원하는 식당을 검색하면 바로 이 화면이 나옵니다. 쭉 둘러보면서 가볍게 시작해볼까요?

스마트플레이스,
어떤 점이 좋을까?

    여러분이 만약 자영업을 하려고 마음먹은 미래의 사장님이라면 무엇부터 하려고 할까요? 바로 '시장 조사'겠죠? 나한테 맞는 적성과 자금 상황을 알고 있다면, 자신이 결정한 품목이 이 험난한 경쟁의 세상에서 제대로 굴러갈 것인지, 아닌지를 미리 알고 싶을 것입니다. 그러면서 나보다 먼저 시장에 뛰어든 '선배' 사장님들은 어떻게 영업을 하고 있는지 궁금하겠죠.

    과거에는 시장 조사를 하기 위해 직접 오프라인 매장을 일일이 찾아다녔습니다. 만약 의류업을 하려고 한다면, 이대나 홍대 상권에 직접 찾아가 발품을 팔며 시장의 분위기를 파악했죠. 곰탕집을 하려는 미래의 요식업 사장님이라면, 장사가 잘되는 곰탕집을 손님으로 위장해 찾아가 맛도 보고, 가게의 분위기도 보며, 직원들의 서비스 품질도 살펴봤을 것입니다. 모든 것을 눈으로, 귀로 일일이 확인하던 시대였

으니까요.

그런데 지금은 어떨까요? 발품을 팔기 전에 손품을 팔아 내가 하려고 하는 품목이나 서비스가 어떻게 이미 고객들에게 '보이고' 있는지 확인하면 시장 조사가 좀 더 쉬워집니다. 바로 '네이버 스마트플레이

'수유리 우동집'으로 범위를 좁혀서 검색해봤습니다.

스'에 등록된 업체들의 면면만 먼저 살펴봐도 충분한 시장 조사가 이뤄지기 때문이죠.

따뜻한 우동 국물이 생각나서 앞서 검색했던 '의정부 우동집'에서 원하는 식당을 선택해서 검색의 폭을 좁혀봅니다. '의정부 수유리 우동집'으로 검색했더니 제가 있는 곳을 중심으로 부근에 있는 '수유리 우동집'들의 정보가 검색됩니다.

'네이버 플레이스'는 고객 입장에서도 편리하지만, 미래의 사장님 입장에서도 아주 유용한 시스템입니다. 이미 등록된 '네이버 플레이스'의 업체를 충분히 돌아보며 시장 조사를 한 다음, 자신의 플레이스에 응용해서 적용하면 되니까요. 그럴 때 필요한 도구가 바로 '네이버 스마트플레이스'입니다. 그렇다면 업주 입장에서 '네이버 스마트플레이스'를 활용하면 어떤 점이 좋을까요?

검색으로 유입한 고객이 매출 상승으로 이어진다

앞서 말씀드렸지만, 이제 사람들은 정보를 얻기 위해 일단 '검색'을 합니다. 여기서 검색은 '잠재적 고객'의 유입 가능성을 상당히 높이는 장치가 됩니다. 검색해서 우리 업체를 방문할 가능성은 사실 50대 50입니다. 올 수도 있고, 안 올 수도 있다는 뜻이죠. 하지만 검색 자체가 안 된다면 고객이 찾아올 가능성은 아예 0이 됩니다.

따라서 사업장을 꾸려나가는 업주라면 '네이버 플레이스'에 자신의 사업장 정보를 올리는 노력이 필요합니다. 일단 '네이버 플레이스'에 가게나 업체가 등록되면 네이버 검색과 함께 지도 검색에 보기 쉽게 노출이 됩니다. 요즘 길을 물어서 가게를 찾는 사람은 거의 없죠? 거의 다 스마트폰을 손에 들고 다니니까요. 내가 찾아가려는 업체를 검색창에 입력하면, 업체 정보와 함께 지도가 스마트폰 화면에 뜹니다. 길치라도 지도만 잘 따라간다면 가고자 하는 업체까지 별 무리 없이 찾아갈 수 있는 세상이 되었습니다.

검색창에 찾고자 하는 업체 정보만 대충 입력해도 원하는 정보를 얻을 수가 있습니다. 지도를 따로 클릭하면 업체의 위치 정보도 바로 알 수가 있죠.

지도를 보고 찾아온 손님은 우리 가게의 고객이 됩니다. '네이버 스마트플레이스'를 만들어놓는 것만으로 가게의 홍보 효과를 동시에 얻을 수 있죠. 미리 가게 정보를 열람해서 온 고객은 이미 어느 정도 마음에 들어서 방문을 한 것이기 때문에 우리 가게에 꽤 호의적인 손님이라고 보시면 됩니다.

'네이버 스마트플레이스'에 올라온 가게 위치가 가깝다거나, 메뉴 사진에 올라온 음식 사진이 맛있어 보였다든가, 제시된 가격이 합리적이었다든가 하는 여러 가지 이유로 우리 가게에 직접 방문한 손님인 것입니다. 예를 들어, 10,000원 상당의 음식 가격이 제시된 메뉴 사진과 적절하게 맞아서 흡족했다면, 고객은 그 가게를 찾아올 가능성이 커집니다. 업주는 그렇게 찾아온 손님을 환대해 친절하게 서비스를 하면 됩니다.

이렇듯 플레이스에 업체를 등록해놓는 것만으로도 고객 유입의 효과는 상당히 커집니다. 과거에는 전단도 만들어서 뿌리고, 입소문도 꼬리에 꼬리를 물고 퍼지길 기다렸다면, 지금은 온라인에 정보를 등록해놓는 것만으로 가게의 홍보 효과를 톡톡히 볼 수 있는 시대가 되었습니다. 또한, 플레이스에 등록된 업체는 검색 노출 우선순위에서 높은 점유율을 차지할 수도 있습니다. 플레이스에 등록한 업체와 등록하지 않은 업체. 여러분이 사장님이라면 어떤 쪽을 선택하시겠습니까? 아니, 고객이라면 어느 쪽으로 방문하고 싶은 욕구가 생길까요? 고객의 선택이 바로 매출 증대로 이어진다는 사실을 잊지 말아야 합니다.

네이버의 다양한 서비스와 유기적으로 연동!

네이버는 국내 최대 포털서비스답게 다양한 서비스를 사용자에게 제공하고 있습니다. '네이버 플레이스'도 마찬가지죠. 업체는 '네이버 플레이스'에 등록하는 것으로 네이버 지도, 네이버 예약, 네이버 주문, 네이버 톡톡, 모두(Modoo! – 네이버에서 제공하는 무료 홈페이지 플랫폼) 등을 유기적으로 연동해 활용할 수 있습니다.

그중에서 네이버 지도는 특히 주목할 만합니다. 지도는 자연지형, 도로, 구조물, 건물에 집중되어 정보를 제공한다면, 플레이스를 통해 제공되는 지도는 '업체'에 좀 더 집중해서, 보다 자세하고 폭넓은 정보를 준다는 차이점이 있습니다. 네이버가 가진 업체의 방대한 양의 데이터베이스는 고객의 검색과 선택을 용이하게 합니다.

정보를 제공하는 업체와 그렇지 못한 업체의 경쟁력은 천지 차이입니다. 물론 정보를 제공하지 않고도 자신 있게 장사를 하는 사람도 있겠지만, 그런 사람은 소수의 경우겠죠. 업체를 꾸리는 사업주라면 필히 네이버에 정보를 등록해 든든한 경쟁력을 갖추는 것이 큰 도움이 될 수 있습니다.

그런 면에서 네이버 예약, 네이버 주문, 네이버 톡톡, Modoo!도 같은 맥락에서 이어진다고 볼 수 있습니다. 이제는 비대면 시대로 전환했기 때문에 사람들은 예약도 온라인으로 하는 것을 선호합니다. 전화를 걸어 직접 예약을 하는 것조차 부담을 느끼는 사람들이 크게 늘었다는 방증이기도 하죠.

고객은 업주와 예약 가능한 시간을 조율하는 노력을 굳이 시간을 써가며 할 필요 없이 네이버가 제공하는 예약 가능한 시간표를 보고 자신이 방문하고 싶은 예약일을 잡으면 됩니다. 업주도 일일이 전화응대를 할 필요 없이 고객 스스로 잡은 예약 일정표를 보고 스케줄을 확인하면 되니, 업무에 더욱 집중할 수 있어 좋습니다.

예약이 가능한 업체의 경우, 네이버 플레이스에 '예약' 란이 있습니다.

예약을 클릭해 원하는 날짜와 시간대를 보고 클릭하면 예약이 완료됩니다.

네이버 톡톡도 그런 경우에 해당합니다. 과거에는 고객이 업주와 소통하려면 직접 전화를 하거나 아예 매장을 방문하는 방법밖에 없었습니다.

그런데 비대면 문화의 확산으로 톡 문화가 정립되었고, 고객과 업주의 소통 방식에도 그대로 적용되기 시작했습니다. 그것이 바로 네이버 톡톡입니다. "안녕하세요~ 고객님~ 사랑합니다~!" 이런 전화 멘트로 고객을 일일이 응대하지 않더라도 업주는 고객의 요구사항을 대화 형식으로 풀 수가 있습니다. 바로 채팅하는 것처럼 말이죠.

고객도 이제는 전화로 궁금한 사항을 물어보는 것보다 톡으로 소통하는 방식을 더 선호합니다. 세상이 그만큼 달라졌습니다. 고객은 전화가 연결되기까지 기다릴 필요도 없고, 물어보고 싶은 사항이나 불만사항을 목소리 톤을 높일 필요 없이 업주와 소통할 수 있습니다.

업주 입장에서는 전화 응대할 직원을 따로 둘 필요 없이 톡으로 고객과 얼굴을 붉히지 않고 소통할 수 있어 한결 마음이 편안합니다.

특히 병원처럼 고객 문의가 많은 업체인 경우, 네이버 톡톡을 더 많이 활용하고 있습니다.

'문의'가 바로 톡톡 상담을 할 수 있는 메뉴입니다.

'톡톡'을 클릭하면 이렇게 바로 상담 문의를 할 수 있는 채팅창이 생성됩니다.

이렇듯 '네이버 플레이스'에 업체를 등록하는 것만으로도 업주와 고객은 다양한 연계 서비스를 누릴 수가 있습니다. 네이버 예약과 네이버 톡톡은 중요한 부분이라 뒤에서 따로 더 언급하겠습니다. 부디 플레이스의 다양한 연동 서비스를 활용해 원하는 매출 증대를 이루시기 바랍니다.

스마트플레이스로
나도 성공한 사장님!

온라인에서 고객과 사업주를 잇는 연결고리는 검색입니다. 고객이 찾고자 하는 정보를 검색창에 입력하면 그와 관련한 가게나 업체가 소개되고, 고객은 그중에서 하나의 정보를 골라 선택을 하게 되죠.

검색이라는 행위 하나로 고객과 사업주가 연결되는 것인 만큼 검색 효과는 대단하다고 볼 수 있습니다. 고객이 검색을 어떻게 하느냐에 따라 나에게로 연결될 가능성이 커지기도 하고, 희박해지기도 하기 때문이죠.

그런데 검색은 하나의 도구에 지나지 않습니다. 비어 있는 공란에 무엇을 입력하느냐에 따라 얻어지는 정보는 달라집니다. 그렇다면 우리는 검색창에 무엇을 입력할까요?

바로 '내가 알고 싶은 정보'입니다. 그 정보는 일종의 '키워드', 즉 '단어'로 나열된 것으로 이뤄져 있습니다.

네이버 검색창에서 '네이버 스마트플레이스'를 검색해볼까요?

검색창의 공란을 어떻게 채우느냐는 고객의 몫입니다. '내가 알고 싶은 정보'의 주체는 바로 고객이기 때문이죠. 검색창을 능동적인 행위로 채우는 것은 고객이고, 수동적인 반응으로 검색되는 것은 가게나 업체입니다. 따라서 사업주는 고객들이 어떤 생각으로 검색하고, 어떤 키워드를 나열하는지 알고 있어야 합니다.

고객의 키워드를 알면 매출이 오른다

이상하게 오늘 저녁부터 어깨가 뻐근하고 팔이 저립니다. 내일 아침이면 동네 한의원이라도 갈 생각으로 네이버에서 검색창을 엽니다. 여러분이라면 어떤 단어를 검색창에 입력하시겠습니까? 그냥 '한의원'이라고 치시나요? 보통은 그렇게 검색하지는 않겠죠. 우리 집에서 가장 가까운 동네 한의원을 찾기 위해 '동네 이름 + 한방병원'의 조합으로 이뤄진 단어를 입력할 것입니다.

자, 그럼 검색을 해볼까요? 저는 의정부역에서 가까우니 의정부역의 한방병원을 찾아보겠습니다.

찾고 싶은 의정부역 한방병원의 정보를 다음과 같이 찾아냈습니다. 어떤 사람은 이 중에서 순서대로 다 클릭해서 정보를 살펴볼 것이고, 또 어떤 사람은 자신의 느낌에 딱 꽂히는 병원을 하나 골라 상세한 정보를 더 알아낼 것입니다.

원하는 결과가 나왔다면 흡족한 검색이고, 아니라면 다른 방식으로 다시 검색하겠죠. 만약 고객이 의정부역이 아닌 양주에 사는 사람이라

면 '양주 + 한방병원'이라고 검색할 것입니다. 부산 기장에 사는 사람이라면 '부산 기장 한방병원' 또는 '기장 한방병원'이라고 검색하겠죠.

한방병원 말고 이번에는 점심에 먹을 맛집을 검색해보겠습니다. 어쩐지 전골이 당긴다고 직원들이 그럽니다. 부장님은 점심시간 5분 전에 모니터로

'사는 지역 + 한방병원'의 조합으로 찾아낸 검색 결과입니다.

검색에 들어갔습니다. '음, 이 동네 따끈한 두부전골집이 어디 있나?' 하며 검색창에 '의정부 두부전골'이라고 입력합니다.

두부전골 식당 정보를 찾은 부장님은 어디에 가기로 결정했을까요?

네이버는 부장님이 입력한 동네 '의정부'를 중심으로 근처에 있는 두부전골집을 보여줍니다. 부장님은 그중에서 가고 싶은 두부전골 식당을 찾아낼 것입니다.

이렇듯 사람들은 자신이 알고 싶은 정보를 자기 위주의 시선으로 검색에 들어갑니다. 그에 따라 나오는 정보는 천차만별이지만, 일종의 공식이 하나 있습니다. 무엇일까요? 바로 '플레이스 검색의 공식'은 '지역'과 '찾고자 하는 업종'의 조합이라는 점입니다.

〈플레이스 검색의 공식〉
'지역명' + '업종'

만약 양주에 사는 거주자가 근처에 있는 카페를 찾고 싶다면, 이렇게 검색할 것입니다. '양주 카페', '양주 루프탑카페' 이렇게 말이죠. 한번 찾아보겠습니다. 검색창에 '양주 카페'라고 쳐봅니다.

그런데 양주는 생각보다 넓은 곳입니다. '양주 카페'라고 쳤더니 알려주는 카페의 위치도 양주의 동서남북으로 광범위하게 뜹니다.

검색하는 고객은 현재 양주 경동대 부근에 있다고 가정해 봅시다. 그러면 고객은 이렇게 검색을 다시 시도할 것입니다.

'양주 경동대 카페', '양주 고

조금 더 자세히 '양주 경동대 카페'로 좁혀서 검색해봤습니다.

읍동 카페.' 어떠신가요? 훨씬 찾고자 하는 범위가 좁아지는 것을 알 수 있습니다. 지도를 자세히 살피면 그 차이를 확연히 느낄 수가 있는데, 양주의 광범위한 지도에서 고읍동으로 제한한 동네 지도는 전달되는 정보가 분명 다르다는 것을 알 수 있습니다.

찾고자 하는 지역 정보에 더해 고객은 자신의 취향이나 목적에 따라서 검색어로 입력할 수도 있습니다.

네이버 플레이스에 양주 카페라고 한번 검색해봤습니다.

'양주 카페'로 검색했을 때의 연관 검색어를 살펴봅니다.

48페이지의 이미지를 보면, '양주 카페'로 검색했을 때 그와 관련한 '연관 검색어'가 뜨는 것을 확인할 수 있습니다. 고객들이 '양주 카페'로 검색했을 때 말고도 자주 찾는 검색어 단어의 조합을 미리 보여주는 것인데, 이를 통해 고객들이 어떤 형태의 검색을 선호하는지 유추할 수 있습니다.

만약 애견을 데리고 카페를 찾고 싶은 사람은 '양주 애견카페'를 검색할 것입니다. 비슷한 검색어 조합으로 '양주 반려동물카페', '양주 강아지카페', '양주 고양이카페' 등이 있을 수 있겠죠. 탁 트인 공간에서 차를 마시고 싶다면 '양주 대형카페'를 검색할 수도 있고, 루프탑이 있는 카페를 찾는 경우라면 '양주 루프탑카페'를 찾을 것입니다. 아이를 동반해도 괜찮은 카페를 찾는다면 '양주 키즈카페', 여기에 지역명을 조합해 '양주 고읍 키즈카페' 이런 식으로 검색할 것이고요.

이렇듯 검색어의 조합은 철저히 고객의 요구조건에 맞춰서 진행됩니다. 그 결과물로 찾은 가게나 업체는 고객의 요구조건에 딱 들어맞을 확률이 상당히 높습니다. 즉, 고객이 이미 자신에게 맞는 가게인지 알고 찾아올 확률도 높아진다는 뜻이 됩니다.

매출을 올리고 싶은 사업주라면, 고객이 어떤 키워드를 주로 입력하고 찾으려고 하는지 미리 알고 '네이버 플레이스'를 만들 때 활용해야 합니다. 더 구체적으로 말씀드리면 자신의 업종이 고객의 입장에서 어떤 위치, 어떤 구조, 어떤 분위기, 어떤 서비스를 받을 수 있는 업종인지 정확하게 인지하고 있어야 한다는 것입니다. 그 지점을 제대로 이해하고 활용하는 사업주가 성공합니다.

애견카페를 기대했는데 막상 애견동반이 안 되는 카페이거나, 빈티지풍의 소품샵을 기대했는데 모던한 제품이 주를 이룬다면, 고객은 실망하고 돌아갈 것이 뻔합니다. 검색해서 알아낸 정보와 실제 받을 수 있는 상품과 서비스가 같아야 합니다. 동일한 것을 넘어 더 나은 상품, 서비스를 제공받는다면 고객은 매우 흡족한 마음으로 플레이스에 리뷰를 남길 수가 있겠죠. 그것이 바로 온라인에서의 입소문이고, 다른 고객들을 끌어들이는 매력적인 장치가 됩니다.

다른 경쟁업체의 정보를 한눈에 알 수 있다

온라인 지도 '네이버 플레이스'는 검색으로 손쉽게 찾을 수 있는 정보입니다. 고객은 온라인에서 정보를 찾고, 그 정보에 맞는 오프라인 매장을 방문합니다.

이 과정에서 고객은 내 가게나 업체의 정보도 알아낼 수 있지만, 다른 경쟁업체의 정보도 동시에 찾아낼 수 있습니다. 즉, 오프라인 매장의 경쟁이 온라인에서도 치열하게 벌어진다고 볼 수 있는 것입니다.

고객은 네이버에 올라오는 다양한 정보 속에서 선택을 합니다. 선택하는 입장인 고객과 선택되는 입장인 사업주의 줄다리기가 이어지는 것입니다. 그런데 사업주 입장에서도 이런 경쟁은 플러스 요인이 되는 경우가 더 많습니다. 왜 그럴까요?

일단 내가 운영하는 업종과 비슷한 경쟁업체가 그 지역 안에 어느 정도 포진해 있는지 플레이스 검색만으로도 눈으로 확인할 수 있습니다. 특히 창업을 준비하는 사업주라면, 내가 사업을 운영할 동네에 내가 하고자 하는 업종과 비슷한 가게나 업체가 얼마만큼 있는지 대략적으로 파악하고 있어야 합니다.

대형카페를 준비 중인데 길 건너에 이미 대형카페가 있다면 심사숙고해야 합니다. 그대로 진행할 것인지, 그만큼의 경쟁력을 내가 갖추고 있는지, 하기로 했다면 어떻게 차별화를 줄 것인지, 인테리어로 고객을 끌어모을 것인지, 독특한 메뉴로 승부를 걸 것인지 등 고려해야 할 점들이 많습니다.

자, 여기 경기도 의정부에 대형카페를 준비하는 사업주가 있습니다. 그러면 우선 창업을 하기 전에 네이버에서 '의정부 대형카페'를 검색해봐야 합니다.

내가 하고자 하는 지역 근처에 어떤 카페들이 있는지, 콘셉트가 비슷한지 다른지, 이름은 어떻게 지어서 눈에 띄게 할 것인지 등 사전 조사를 해서 충분히 검토해야 합니다.

그런데 이런 고민을 직접 발품을 팔아서 한다면 창업을 하기도 전에 지칠 확률이 높습니

의정부 대형카페로 검색해봤습니다.

다. 물론 발품을 팔아서 경쟁업체를 찾아 시장 조사를 자세히 하는 게 더 좋지만, 그 전에 이렇게 사전 조사 형식으로 손품을 팔아 플레이스 검색을 해보는 것도 큰 도움이 됩니다. 요즘은 시간과 돈 싸움이 모든 것을 좌우하는 시대입니다. 플레이스 검색으로 절약된 시간과 돈은 내 가게를 꾸미는 데 활용할 수 있어 일거양득입니다.

위치 검색으로 경쟁업체의 정보를 알아냈다면 몇몇 눈에 띄는 플레이스, 즉 사람들이 많이 찾는 가게나 업체를 골라서 더 자세히 세부 항목을 살펴봐야 합니다. 경쟁업체는 어떻게 플레이스 소개글을 썼는지, 메뉴는 어떠한지, 가격은 합당한지, 고객의 리뷰는 어떠한지 조목조목 살펴봅니다. 이렇게 다른 플레이스를 검색하고 살펴보는 것만으로도 충분한 시장 조사가 이뤄집니다. 다른 가게에서 발견된 장점은 우리 가게의 장점으로 끌어들일 수가 있고, 반대로 다른 가게가 가지고 있는 단점은 미리 숙지하고 피할 수가 있습니다. 창업을 하려면 큰돈이 오갑니다. 그만큼 위험부담이 큰 도전이기도 하죠. 적은 돈으로 사업을 했다고 해서 손해를 봐도 괜찮은 사업주는 이 세상에 없습니다. 우리가 가게를 하고 업체를 만드는 것은 모두 이윤을 추구하기 때문입니다.

이윤을 추구하기에 앞서 면밀한 시장 조사는 필수입니다. 그래야 나의 소중한 돈을 지킬 수 있습니다. '네이버 플레이스'는 그 과정에서 여러분의 돈을 검색만으로 상당 부분 지켜드릴 수 있습니다. 창업하느라 분주해서 알아보기 귀찮다고 건너뛰지 말고 꼭 경쟁업체의 정보를 파악해보시길 바랍니다.

스마트플레이스 가입과 앱 설치하기

가게나 업체를 운영하려는 사업주라면 필수적으로 '네이버 플레이스'를 활용해야 합니다. 앞서 누누이 말씀드렸지만, 이제 고객은 검색으로 가게와 업체의 정보를 수집하고 선택하는 시대가 되었습니다. '네이버 플레이스'에 등록된 곳인지, 아닌지에 따라 향후 매출 차이는 어마어마합니다. 따라서 사업주는 '네이버 플레이스'를 적극적으로 활용할 줄 알아야 합니다.

'네이버 스마트플레이스'는 사업주기 '네이버 플레이스'를 활용하기 위한 관리 도구입니다. "시작이 반이다!" 이런 말이 있죠? '네이버 스마트플레이스'를 제대로 이해하고 활용할 줄 아는 사업주의 미래는 밝습니다.

고객을 끌어모으기 위한 매력적인 플레이스. 그 밑그림을 그려줄 '네이버 스마트플레이스' 활용법! 그럼 어떻게 시작해야 하는지 그 절차를 알아볼까요?

네이버 아이디를 사업자 아이디로 통합하기

일단 '네이버 스마트플레이스'에 가입하기 전에 해둬야 할 일이 있습니다. 네이버 아이디를 사업자 아이디로 통합하는 것인데, 그렇게 하는 이유는 여러 개의 아이디로 운영하는 것보다 하나의 아이디로 운영하는 것이 체계적으로 관리하기가 쉽기 때문입니다.

예전에는 네이버 아이디가 무엇이 되었든, 네이버 아이디 하나로 블로그도 운영하고, 또 다른 아이디를 더 만들어 새로운 블로그를 운영하기도 했습니다. 사용자의 상황이나 필요에 따라 아이디가 여러 개여도 상관이 없었죠. 물론 지금도 그렇게 이용하는 것은 가능하지만, 사업을 운영하는 주체라면 사업자 아이디 하나로 통합해 운영하는 것이 훨씬 간편하고 좋습니다.

네이버는 채널 간의 효과적인 연계를 중요시합니다. 따라서 아이디 하나로 통합된 운영을 적극적으로 권장합니다. 사업주는 최적화된 네이버 아이디 하나로 '네이버 스마트플레이스'를 운영하면서 그와 연계된 네이버 예약, 네이버 주문, 네이버 톡톡, 네이버페이 등을 통합해 활용할 수 있습니다.

그렇게 통합해야 하는 이유는 여기저기 흩어진 아이디로 운영하면 서로 연동되지 않기 때문입니다. 사업주는 하나의 아이디로 통합, 관리해야 일목요연한 정리를 통해 효과적인 운영을 할 수 있어 마케팅 효과를 볼 수 있습니다.

네이버 사업자 아이디로
마케팅을 활용할 수 있는 네이버 채널들

| 블로그 | 카페 | 모두 | 톡톡 | 예약 | 플레이스 | 네이버페이 |

사업자 아이디는 대표자가 직접 만드는 게 좋습니다. 1인 창업이나 자영업인 경우는 보통 그렇게 하는데 직원이 여러 명이고 온라인 홍보 팀이 따로 있는 회사의 경우는 어떻게 해야 할까요? 그때도 될 수 있 으면 대표자의 이름으로 아이디를 만드는 게 추후에 발생할 문제를 미연에 방지할 수 있습니다.

온라인 홍보팀의 직원 아이디로 채널을 운영하다가 그 직원이 갑자 기 퇴사하거나 계정 소유권을 넘기지 않고 퇴사해버린다면 큰 낭패입 니다. 그런 경우가 생각보다 비일비재하게 일어납니다. 따라서 회사의 중요한 채널 아이디는 하나로 통합해 대표 또는 소유권 분쟁이 발생 하지 않는 아이디를 만들어 통합해 운영하는 것이 기본입니다.

만약 네이버페이도 활용하려고 한다면 필수적으로 사업자등록증에 기재된 대표자가 만든 계정이어야 합니다. 그렇게 해야 인증 절차가 수월하며 승인을 쉽게 받을 수 있습니다. 대표자가 이런 과정이 귀찮 다는 이유로 다른 직원의 아이디를 쓰면, 나중에 큰 문제가 발생할 수 있다는 점을 명심하셔야 합니다.

스마트플레이스 가입하는 방법

자, 사업자 아이디를 만드셨나요? 그렇다면 PC나 스마트폰으로 네이버 검색창에서 '네이버 스마트플레이스'를 검색합니다. 그러면 '네이버 스마트플레이스' 홈페이지가 나오고 가입 안내 화면이 뜹니다. 홈페이지에서 직접 가입하셔도 좋고, 스마트플레이스 앱으로 가입하셔도 좋습니다.

안드로이드폰이라면 안드로이드 안내창으로, 아이폰이라면 아이폰 안내창을 클릭해 지시에 따라 단계별 가입을 진행하시면 됩니다.

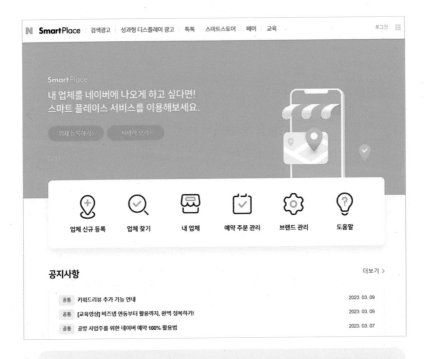

'네이버 스마트플레이스' PC 홈페이지 화면입니다. 쭉 둘러보면서 분위기를 익힌 다음 가입 절차를 진행해볼까요?

'네이버 스마트플레이스' 스마트폰 홈페이지 화면입니다.

안드로이드폰 사용자를 위한 앱 설치 창입니다.

아이폰 사용자를 위한 앱 설치 창입니다.

홈페이지에서 진행할 경우에는 '업체 신규 등록'을 클릭해 가입 진행을 시작합니다.

'업체 신규 등록'을 클릭하면 다음과 같은 화면이 나옵니다.

먼저
등록하고자
하는 업체가
등록되어 있는지
조회해봅니다.

등록된 업체인지 확인하고 등록된 업체가 아니라면 '등록 진행하기'를 클릭해 등록을 진행합니다. 만약 이미 등록된 업체라고 뜬다면, 타 계정이 점유하고 있는 경우입니다. 직원의 계정이거나, 여러 사유로 관리 권한을 제때 양도받지 못한 경우입니다. 그때는 아이디의 주인을 변경하는 절차를 통해 아이디를 되찾아와야 가입 절차를 제대로 진행할 수 있습니다. 이런 불상사를 미연에 방지하기 위해 처음부터 대표자의 사업자 아이디로 플레이스 등록을 하시는 게 좋습니다. 네이버페이까지 활용할 경우를 염두에 둔다면, 사업자등록증에 명시된 대표자 명의의 아이디로 모든 과정을 진행해야 합니다.

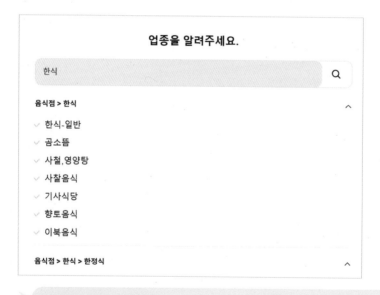

업종을 검색해서 선택합니다.

← **사업자 정보를 확인해주세요.**

사업자등록증으로 확인
사업자등록증 혹은 고유번호증의 사진을 올려주시면 OCR 기술로 >
자동으로 입력됩니다.

사업자등록증 없이 확인
별도 서류 준비 없이 네이버 비즈니스 금융센터로 간단하게 사업자정보를 >
확인할 수 있습니다.

| 사업자등록증이 없으신가요?   서류 발급 안내 >

사업자등록증을 인식 중입니다.

사진의 크기가 클 경우 인식 시간이 길어질 수 있습니다.
조금만 기다려 주세요!

사 업 자 등 록 증
(일반과세자)
등록번호 :

상   호 : 신중년 확적 교육원[iseller]
성   명 : 신동욱   생 년 월 일 :
개 업 연 월 일 : 2021 년 07 월 07 일
사 업 장 소 재 지 : 경기도 의정부시

사 업 의 종 류 : [업태] 도매 및 소매업   [종목] 상품 종합 도매업
                 출판업   전자 서적 출판
                 도매 및 소매업   전자상거래 소매 중개업
                 교육시트스업   그 외 기타 분류 안됨 교육기관
                 교육서비스업   교육관련 지본 및 분가범

발 급 사 유 : 상호변경
공 동 사 업 자 :

사업자등록증으로 업로드합니다.

OCR로 분석된 사업자 정보가 확인되면, 등록한 전화번호를 입력하여 중복업체를 조회합니다.

OCR로 분석된 사업자등록증이 업로드되면, 사업자 정보가 확인됩니다. 우리 매장이 스마트플레이스에 등록되어 있는지 조회합니다. 업체를 조회하면, OCR로 인식된 업체와 유사한 정보로 등록된 업체를 보여줍니다.

등록하려는 업체가 한방병원일 경우, 업종 검색으로 한방병원을 입력한 후, 해당 키워드를 살핍니다. 한방병원의 키워드는 '건강, 의료', '병원', '의원', '한방병원'입니다

등록을 마치고 조회하기를 눌러봤을 때, 유사 정보로 등록된 업체가 있다면 주인 변경이나 삭제 요청을 합니다.

주인 변경을 신청하는 화면입니다.

← **서류로 주인 변경**

**신청하시는 분이
사업자등록증 상의 대표자이신가요?**

네	아니요

현재 고객님과 서류상의 대표자 성함이 동일하시면 **사업자등록증**을 업로드해주세요.

필요서류 : 사업자등록증

- jpg, jpeg, gif, png 형식으로 5MB 이하로 업로드해주세요.
- 첨부하는 서류에 주민등록번호 뒷자리가 보이지 않도록 처리한 뒤 업로드 바랍니다.
- 주민등록번호 뒷자리가 그대로 보여지는 경우 해당 서류는 접수 즉시 파기되며, 스마트플레이스 서비스 이용이 불가하거나 지연될 수 있습니다.
- 사업자등록증(명)고유번호증을 첨부하실 수 없는 협회나 공공기관 등의 주인을 변경하시고 싶으시면 고객센터 도움말을 확인해주세요.

자세한 내용은 고객센터 도움말을 확인해주세요.

서류 첨부하기

서류로 주인 변경을 하는 화면입니다.

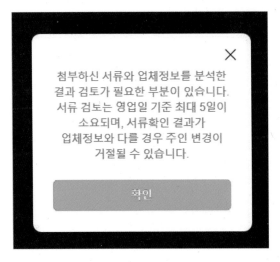

×

첨부하신 서류와 업체정보를 분석한
결과 검토가 필요한 부분이 있습니다.
서류 검토는 영업일 기준 최대 5일이
소요되며, 서류확인 결과가
업체정보와 다를 경우 주인 변경이
거절될 수 있습니다.

확인

ARS로 주인 변경, 또는 서류로 주인 변경 신청을 해서 스마트플레이스 측에서 서류 검토가 끝나기를 기다립니다. 서류 검토는 영업일 기준 최대 5일이 소요되며, 업체 정보와 다를 경우에는 주인 변경이 거절될 수 있습니다.

이런 과정을 모두 마치고 이제 '네이버 스마트플레이스'에 내 업체 등록을 마칩니다. 그러면 다음과 같이 '내 업체 정보'가 뜹니다. 드디어 '네이버 스마트플레이스'에 등록된 업체라는 인증을 받게 된 것입니다. 축하합니다!

'내 업체'로 뜬 거 보이시죠? 이제 어엿한 플레이스 주인이 되셨습니다!

스마트플레이스 등록 기준과 작성 기준

플레이스 사장님이 되려면 네이버에서 제시하는 등록 기준과 작성 기준에 맞춰 등록을 해야 합니다. 다음 내용을 잘 살펴 기준에 맞춰 등록합니다.

스마트 플레이스 등록 기준

1. 기본 원칙
- 국내에 있는 업체의 위치 및 전화번호 정보가 이용자에게 의미가 있다고 판단되는 경우만 등록 가능합니다.
- 온라인을 기반으로 하는 쇼핑몰의 경우 위치 및 전화번호 정보가 유의미하다고 판단될 경우 등록 가능합니다.

2. 등록 불가능한 업체
- 업체 사업장이 국외에 위치한 경우 등록 불가능합니다.
- 업체 정보가 '지역'과 관련 없다고 판단되면 등록 불가능합니다.
- 등록 불가능한 업체
  - ㄱ. 개인의 신상정보, 커뮤니티 성격의 업체
  - ㄴ. 동일 사업장을 여러 개의 전화번호로 중복 등록한 경우
  - ㄷ. 사업장이 해외에 위치한 쇼핑몰
  - ㄹ. 성인인증을 필요로 하는 성인 관련 업체
  - ㅁ. 비윤리적이거나 불법적인 내용의 광고를 게재한 경우
  - ㅂ. 사업장의 위치가 유동적인 경우
  - ㅅ. 게임머니 거래와 같이 현금거래가 이루어지는 업체인 경우
  - ㅇ. 전자상거래 판매 금지 품목인 경우(시력교정 안경/콘택트렌즈, 담배, 전

자담배, 술, 로또, 총기 등)
ㅈ. 발신자가 요금을 부담하는 유료전화번호의 경우(060-***-****, 700-****)
ㅊ. 교육청 신고 없이 운영하는 개인과외
ㅋ. 발전소, 군 관련 시설, 댐 및 부속시설, 교도소, 구치소, 기타 보안 관련 시설 및 업체
ㅌ. 학원 강사, 영업사원 등 특정 업체의 개인 영업인
ㅍ. 동아리, 동호회 및 친목회, 동창회, 모임 성격의 업체 정보
ㅎ. 실정법에 위반되는 불법업체
  * 네이버 지도 검색 결과 업체 순위 조작을 대가로 광고비를 요구하거나 네이버와 광고 대행 계약이 없는 네이버 지역 광고 상품 판매업체는 등록할 수 없습니다.
  * 제출서류 중 '사업자등록증명'은 '사업자등록증'과 다르며 국세청에서 발급 가능합니다.

3. 운전학원업체

- 지방경찰청 권고사항(도로교통법 71조 17항에 의거)에 따라 지방경찰청에 등록되어 있는 운전학원 및 운전전문학원만 등록 가능합니다.
- 운전'전문'학원에서 '전문' 키워드를 사용하려면 전국자동차운전전문학원연합회에서 조회되거나, '전문학원지정증'을 제출해야 합니다.
- 일반운전학원은 '자동차운전학원등록증'을 제출해야 합니다.

4. 대출업체

- 금융소비자정보포털파인, 한국대부금융협회에서 확인되는 업체만 등록 가능하며, 해당 공기관에서 확인되지 않는 업체는 아래 기준에 부합되어야 등록 가능합니다.

- 금융감독원 지침에 따라 대부업, 전당포, 대부중개업 등을 운영하는 대출업체는 부업 등록증(대부중개업 등록증 / 3년 이내 유효)을 모두 제출해야 하며, 업체 소개에 대부업체 정보 7가지 항목*이 확인되어야 합니다.

  [* 7가지 항목 : 대부업체 명칭, 대표자 성명, 대부업 등록번호 또는 대부중개업 등록번호, 대부 이자율(연 이자율), 연체이자율, 수수료 유무, 이자 외 추가 비용 여부]

- 단, 은행·협동조합·보험회사·금융회사·신용금고 등 여신금융기관은 대부업이 아니므로 위의 항목을 확인하지 않습니다.

- 첫 번째 항목에 명시된 사항은 대부업 등록증(또는 대부 중개업 등록증)의 내용과 동일해야 하며, 일부 항목이 다르거나 누락되면 반려됩니다.

- 대부 이자율(연이자율) 및 연체이자율은 연 24%를 초과하면 등록할 수 없습니다.

- 대부업 등록증(대부중개업 등록증)은 등록일부터 3년 이내의 서류만 인정합니다.

- 등록증, 대부 이자율, 이자 계산 방법, 변제 방법, 연체 이자율, 그 밖에 대통령령으로 정하는 중요 사항을 일반인이 알 수 있도록 영업소마다 게시한 사진을 촬영해 제출해야 합니다. 모든 항목이 조회된 내용 또는 제출된 서류와 일치해야 합니다. 일부 항목이 다르거나 누락되면 등록 불가하며, 모든 항목이 동일하면 대부업 준수 서약서 제출은 생략 가능합니다.

- 대출중개업체는 중개의 대가(중개수수료)가 명시되어 있으면 등록할 수 없습니다.

- 금융감독원에서 실시하는 신용카드 불법할인(깡) 방지 종합 대책에 따라 카드깡으로 오인할 수 있는 단어는 사용할 수 없습니다.

  예) 카드 소지자, 카드 소지자 대출, 카드 소지자 신용대출, 카드연체자금, 카드연체자금 대출, 카드 결제 대출, 카드 결제 자금대출, 카드 고민 해결, 신용카드 즉시 대출, 카드 장기 할부 대출, 카드 한도(잔액) 할부 대출, 할부한도 즉시 대출, 할부한도를 현금으로, 카드 한도 증액, 다 쓴 카드 대출, 카드 대납 대출, 카드 연체 대납 대출, 카드 분할상환 대출
  (이 밖의 카드깡으로 해석될 수 있는 위한 유사한 단어 혹은 문구의 사용을 금지합니다.)

- 휴대폰 대출, 휴대폰 깡, 휴대폰 소액 대출은 불법이므로 관련 콘텐츠가 확인되는 업체는 등록하지 않으며, 등록된 이후에도 검색 결과에서 제외됩니다.

5. 의료업체
- 건강보험심사평가원에서 확인되는 병원 등 의료기관만 의료업체로 등록 가능합니다.

6. 종교 관련 업체
- 종교 관련해서 특별히 제한을 가하고 있는 법규는 없으며, 사법적 판단이 없는 한 종교 관련 정보는 주관적인 판단 없이 등록 가능합니다.
- 시한부 종말론, 헌금연계 등 특별한 사유가 없는 한, 등록 기준에 어긋나지 않는다면 등록 가능합니다.
- 단, 등록 이후 법규 위반 등의 사법적 판단이 내려진 경우 이에 따른 등록취소 및 삭제 등의 제재 조치를 취할 수 있습니다.

7. 영리성 협회, 연합회

- '협회', '연합회'라는 명칭은 사단법인, 재단법인 등의 정식 비영리법인이라면 사용 가능합니다.
- 영리업체가 단순히 연합한 경우 '협회', '연합회' 등의 명칭은 사용할 수 없습니다.
- 두 번째 항목에 해당하는 업체가 '협회', '연합회' 명칭의 사용을 요구할 경우, 사단법인, 재단법인 등의 등록증, 혹은 협회증을 제시해야 합니다.

8. 흥신소, 심부름센터

- 현행 법률상 조사권을 가진 변호사의 위임 없이 탐정 활동을 하면 변호사법 위반이며, 사법권이 없는 민간인이 영리적으로 개인의 사생활을 뒷조사하는 것은 불법입니다.
- 미행, 도청, 감청, 몰카 촬영, 사진 촬영, 채무자 소재파악, 불륜 현장 확인, 간통 현장 확인, 휴대전화 위치추적 등의 개인 사생활 뒷조사는 신용정보 이용 및 보호에 관한 법률 위반입니다.
- 채권 회수, 공문서 위조, 범죄와 관련된 돈이나 물품 운반, 예비군 훈련대행, 선거유권자 명단 판매 등은 불법입니다.
- 앞의 두 번째, 세 번째 항목에 예시된 문구 포함 가정 고민 해결, 불륜/이혼 증거자료 수집 등의 문구는 업체 정보로 등록될 수 없습니다.
- 이혼, 간통, 미행, 도청, 불륜 등 위 내용과 관계된 업체는 등록할 수 없습니다.

9. 꽃배달업체, 컴퓨터 수리업체 및 중고차 매매업체

- 꽃배달업체와 컴퓨터 수리업체는 최근 90일 이내에 발급한 사업자등록증명을 제출해야 합니다.
- 중고차 매매업체는 사업자등록증 및 자동차관리사업자등록증을 제출해야 합니다.
- 사업자등록증명에 명기된 업체 정보와 등록 요청주신 업체 정보가 일치해야만 등록 가능합니다.
- 사업자등록증명은 사업자등록증과 다르며 국세청에서 발급 가능합니다.
- 중고차 매매업체는 사업자등록증 및 자동차관리사업자등록증에 '전시' 또는 '매매업'이 확인되어야 합니다.

10. 화물 운송업체

- 화물 운송업체 중 이사 관련 업종은 서류를 제출해야 등록 가능합니다.

11. 정치인 사무실

- 중앙선거관리위원회에서 정당 등록된 정치인은 당원등록증 또는 정당 소속을 입증할 수 있는 서류를 제출해야 합니다.
- 현역 국회의원, 광역/기초 단체장, 광역/기초 의원은 소속기관 공식 홈페이지를 통해 확인되면 별도의 서류 없이 등록 가능합니다.

12. 분양사무소 및 모델하우스

- 아파트, 오피스텔 등의 분양 사무소/분양 안내/모델하우스는 최근 90일 이내에 발급한 사업자등록증명을 첨부해야 합니다.
- 사업자등록증명에 명기된 업체 정보와 등록 요청하신 업체 정보가 일치해야만 등록 가능합니다.
- 영업 사원은 등록할 수 없습니다. 또한, 동일 건물에 여러 분양사무소 및 모델하우스를 등록할 수 없습니다.

13. 부동산 중개업체

- 한국공인중개사협회 또는 국토교통부 국가공간정보포털에서 확인되거나 개설 등록증을 첨부하면 업체를 등록할 수 있습니다.

14. 대리점, 지점, 가맹점

- 특정 업체의 대리점, 지점, 가맹점은 본사 홈페이지에서 업체 정보가 확인되고 해당 정보 중 주소 및 전화번호가 일치해야 등록할 수 있습니다.
- 본사 홈페이지에서 업체 정보가 확인되지 않으면 서류를 제출해야 등록 가능합니다.
- 업체(지점)명과 주소가 이미 등록된 업체와 동일하거나 중복으로 의심되는 경우, 추가 등록 및 수정이 불가능합니다.
- 사업자등록증상에 '~점' 형태로 업체명이 등록되어 있다면, 해당 명칭으로 등록 가능합니다(다만, 상표권 보유업체가 보유증명서 또는 상표권 침해 법원판결문/행정명령문을 제출하면 해당 업체의 정보를 일시 정지할 수 있습니다).

15. 공증, 번역공증

- 공증인법에 의거해서 공증, 번역공증 서비스를 제공하는 업체는 서류 제출 시 등록 가능합니다.
- 업체명, 대표키워드에 '공증, 번역공증'을 단독으로 표기하려면 서류 제출이 필요합니다.
- 공증 대행, 번역공증 대행 등 직접 공증업무를 수행하지 않는 경우 등록 가능합니다.
- 실제 공증업무와 무관한 경우(EX. 공증 관리 프로그램을 제공하는 소프트웨어 개발업체 등) 등록 가능합니다.

16. 법률사무소

- 법률사무소(변호사)는 대한변호사협회 홈페이지에서 확인되거나, 해당 서류(변호사등록증명원 또는 법무법인설립인가증 또는 법무법인인가증)를 제출해야 합니다.
- 사업자등록증을 첨부하면 서류상 확인되는 상호로 업체 등록 가능합니다.

17. 법무사사무소

- 법무사사무소는 대한법무사협회에서 확인되면 등록 가능합니다.
- 사업자등록증을 첨부하면 서류상 확인되는 상호로 업체 등록 가능합니다.

18. 불법감청설비탐지업

- 불법감청설비탐지업(도청장치제거, 도청탐지 등)은 과학기술정보통

신부 중앙전파관리소 홈페이지에서 확인되거나, 불법감청설비 탐지업 등록증을 제출해야 합니다.

19. 한약판매업체(한약방)

• 한약판매업체(한약방)는 건강보험심사평가원 또는 대한한약사회 홈페이지에서 확인되거나, 한약업사면허 또는 의약품판매업허가증 제출 시 등록 가능합니다.

20. 숍인숍(Shop in Shop) 업체

• 매장에 입점해 있는 업체 각각의 사업자등록증을 제출할 경우 등록 가능합니다.
• 등록하고자 하는 업체 각각의 간판이 외부에서 확인될 경우 등록 가능합니다.
• 업체 내부 공간이 완전히 분리되어 운영할 경우 등록 가능합니다.

  * 앞의 3가지 조건 중 하나라도 만족할 경우, 숍인숍 업체로 등록이 가능합니다.
  * 단, 미용실 간 숍인숍 사례의 경우, 공유 미용실 실증 특례가 확인된 경우에 대해서만 숍 내 공간 공유로 인정합니다.
  * 내부 공간 분리의 경우 단순한 방 구분만으로는 적용 불가하며, 결제 공간이 다르고 각각의 사업 운영이 확인될 경우 반영 가능합니다.

21. 팝업스토어는 간판사진 또는 공식 웹사이트, 수상/해양레저 업체는 수상레저사업등록증 확인 후 등록이 가능합니다.

  * 팝업스토어 등록 시 운영 기간을 업체 정보에 명시하고, 수상/해양레저 업체는 요트 업종 카테고리의 경우, 마리나선박대여업등록증 확인으로 대체 가능합니다.

22. 기타 별도 확인이 필요한 업체

- 다음의 업종은 관련 사이트에서 확인되거나 서류 제출 시 등록 가능합니다.

ㄱ. 스포츠토토 판매 : 홈페이지(http://www.sportstoto.co.kr/)
ㄴ. 나눔로또 판매 : 홈페이지(http://www.645lotto.net/)
ㄷ. 의료기기 : 식품의약품안전처 의료기기제품 정보방에서 확인되거나 관련 서류 제출
ㄹ. 폐기물수집운반처리(고물상) : 사업자등록증명
ㅁ. 상품권 판매 : 사업자등록증
ㅂ. 금융기관 연계 대출 : 대출모집인 포털사이트 또는 관련 서류 제출
ㅅ. 다단계판매업 : 공정거래위원회 홈페이지또는 '다단계판매업 등록증' 제출
ㅇ. 침술원/결혼중개업/화약류, 분사기, 전기충격기 판매 : 각 관련 서류 제출
ㅈ. 외국인 환자 유치 : 외국인 환자 유치 정보 시스템 또는 '외국인 환자 유치업자 등록증' 제출
ㅊ. 환전 업체 : 관세청 또는 관련 서류 제출
ㅋ. 어린이집 : 어린이집 정보공개포털
ㅌ. 반려동물 판매/수입/생산/장례 : 지방행정 인허가 데이터개방 – 동물 업종에서 확인
ㅍ. 등급결정호텔 : 한국관광공사 호텔업 등급결정사업 - 호텔 등급 조회 또는 '등급인정서' 제출
ㅎ. 공부방 : 교육청 신고필증 및 사업자등록증 모두 제출
  a. 하수구, 사다리, 지게차, 중장비, 대리운전, 견인운송, 열쇠, 도어락 등 존재 확인이 필요한 업종 : 사업자등록증 또는 발급일 90일 이내의 사업자등록증명
  b. 캠핑장 : 고캠핑에서 확인 또는 관광사업자등록증(야영장업)

출처 : 네이버 스마트플레이스 등록 기준 및 정책

자, 어느 정도 스마트플레이스 등록에 대한 감이 잡혔다면 네이버에서 제시하는 작성 기준에 따라 스마트플레이스를 등록합니다. 꼼꼼하게 살펴 작성 기준에 맞는지 잘 살펴보시고 진행하시면 됩니다.

스마트 플레이스 작성 기준

1. 업체명

■ 기본 원칙

① 사업자등록증 혹은 업종별 관련 서류에 명시된 업체명과 간판명 중에 원하시는 업체명을 선택해 30자 이내로 작성하는 것이 원칙입니다.

- 사업자등록증 혹은 업종별 관련 서류에 명시된 업체명으로 등록 시에는 반드시 서류를 제출해야 합니다.
- 간판명으로 업체명을 등록하시려면 '사진 정보 필드'에 간판 사진을 등록해야 합니다.

② 요청하신 업체명이 작성 기준과 어긋날 경우, 사업자등록증 혹은 업종별 관련 서류를 요청할 수 있으며, 서류상에 명시된 공식 상호명을 기준으로 등록되고 있습니다.

■ 제한 단어

① 주식회사, ㈜, 유한회사, 사단법인 등의 표기는 기재되지 않습니다.

예 : ㈜네이버(X) 네이버(O), 사단법인 새세상(X) 새세상(O)

② 한자는 사용할 수 없습니다.

③ 영문은 사용 가능합니다.

단, 신조어, 비표준어, 검색 어뷰징 등 문제시될 만한 영문명은 사전 확인 후 등록합니다. (증빙 : 간판 사진, 사업자등록증)

④ *, !, /와 같은 특수문자는 사용할 수 없습니다.

예 : 아웃백스테이크하우스/강남역점(X) 아웃백스테이크하우스 강남역점(O)

⑤ 업체명을 꾸미기 위한 특수기호는 반영하지 않으며, 그 외 의미가 있다고 판단되는 특수문자는 반영 가능합니다.

⑥ 홈페이지 형태의 업체명은 등록 불가합니다.
예 : www.현대익스프레스.com(X) 현대익스프레스(O)

⑦ 인명만으로는 등록 불가합니다.
예 : 홍길동(X) 홍길동 개인용달(O)

■브랜드명

① 사업자등록증상의 상호명으로 확인되더라도 특정 상품명이나 특정 브랜드명 단독으로는 기재되지 않습니다.
예 : 아베크롬비, 나이키, 아메리칸이글, 딤채

② 특정 상품 혹은 특정 브랜드의 제조업체는 기재할 수 있습니다.

③ 해당 브랜드 혹은 상표권을 소유하고 있을 경우 서류 확인 후 기재 가능합니다.
예 : '나이키 코리아 법인'은 '나이키'로 등록 가능

④ 네이버의 법인명과 동일한 업체명은 사업자등록증이 확인되더라도 등록되지 않습니다.
예 : 네이버(X), 네이버블로그(X), 네이버카페(X)

■외래어

① 외국어, 외래어는 사업자등록증이 확인되면 기재가 가능합니다.
예 : 니뽄나라, 간지간지, 키즈북닷컴, 시에시에 중국어학원, 니하오유학원 등

② 단, 설명 부분에는 한글로 대체할 수 있는 외국어는 한글로 대체해 기재합니다.
예 : 니뽄삘 → 일본스타일, 니뽄의류 → 일본의류 등

■비표준어

① 비속어, 욕설, 은어 등은 사용할 수 없으며, 사업자등록증에

서 확인되어도 사용 불가합니다.

② 비속어, 욕설, 은어를 제외한 비표준어는 고유명사로 인정해
기재가 가능합니다.

  예 : 빠마닷컴, 우낀대학, 캐릭존, 나이뽀닷컴 등

③ 약어는 기재가 가능합니다. 단, 설명 부분에는 원어로 풀어서
기재합니다.

  예 : 알바 → 아르바이트, 디카 → 디지털카메라, 디캠 → 디지털캠코더 등

■ 일반명사

① 일반명사 또는 일반명사로 조합된 업체명은 등록되지 않습
니다.

  예 : 포장이사(X), 중고차 판매(X), 개인용달(X)

② 일반명사라 함은, 카테고리명이 일치하거나 검색 빈도수 및
조회수가 높은 상업성 키워드를 의미합니다.

  A. '나라', '천사' 등은 일반명사지만, 여기서 의미하는 상업성 키워드는 아
  닙니다.
  B. '보험', '자동차', '의류' 등은 일반명사이면서 상업성 키워드입니다.

③ ①항에 해당하는 일반명사만으로 두 단어 이상 조합한 업체
명은 반영되지 않습니다.

  예 : 영국 유학원, 판촉물기념품, 제주도 여행, 14k 쥬얼리, 스키와 스노우보
  드 등

④ 단 ①항에서 상업성키워드와 비상업성 기워드로 조합된 업체
명은 반영됩니다.

  예 : 판촉물마트, 제주도여행나라, 천사쥬얼리, 하늘펜션 등

⑤ ②항의 경우 사업자등록증 사본을 요청하며, 사업자등록중
에서 확인되는 공식상호명으로 작성합니다.

■유명 사이트명 도용

① 검색 이용자에게 해당 사이트에서 직접 운영하는 것으로 혼
란을 주지 않기 위해 유명 온라인 사이트 업체명을 도용해
조합한 업체명은 반영하지 않습니다.
예 : 엠파스콘도, 야후부동산, 벅스화장품, 싸이월드넷, 네이버 투어 등

② 이 경우 사업자등록증 사본을 요청하며, 사업자등록증에서
확인되는 공식상호명으로 작성합니다.

③ 단, ②항의 경우 '네이버'가 포함되어 있으면 자사 상표권 침해
이므로 사업자등록증에서 확인되더라도 반영하지 않습니다.

■동일 단어 반복

① 업체명에 주 사업아이템과 직접적인 관련이 있는 키워드를 2
회 이상 반복해서 작성하면 반영되지 않습니다.
예 : 명품과 명품, 꽃배달꽃배달, 핸드폰 속 핸드폰

② ①항의 경우는 사업자등록증 사본에서 확인되더라도 반영되
지 않습니다.

③ 단, 에디터의 판단에 의해 동일단어의 반복사용이 문맥상 의
미가 있어 업체명 고유한 업체명으로 인정되면 반영 가능합
니다.

■지역명 포함 업체명

① 업체명에 지역명이 포함되면 사업자등록증 또는 홈페이지상
으로 확인되어야 합니다.
예 : 전주 고운성형외과, 대전중앙청과, 설악 산바람펜션 등

② 단, 지역명 + 일반명사로 이루어진 업체명은 하나의 검색키
워드로 인정, 반영되지 않습니다.

예 : 압구정 성형외과, 안면도 민박, 인천 중고차, 대전 꽃배달, 제주도 렌트카 등

③ ②항의 경우 사업자등록증 사본을 요청하며, 사업자등록증 에서 확인되면 등록 가능합니다.

④ 사업자등록증이 없는 업체는 간판 사진 및 증빙 자료를 제시 하면 반영 가능합니다.

⑤ 사업자등록증, 간판 등의 증빙 서류가 없다면 반영하지 않 고, 적절한 업체명으로 변경 요청합니다.

⑥ 옛 지명이나 소규모/비유명 마을명을 사용하는 경우 사업자 등록증 확인 없이 반영합니다.

⑦ 단, ⑥항의 경우 현재는 소규모/비유명 지역명이나 앞으로 사용자로 하여금 많이 검색될 가능성이 있다고 판단되는 지 역명에 대해서는 사업자등록증을 요청합니다.

⑧ 업체명에 지역명이 포함된 지점명을 사용하는 경우, 복수의 동일 브랜드지점이 확인되어야 사용할 수 있습니다.

⑨ 지역명은 업체명에 2회 이상 사용할 수 없습니다.
예 : 흑석보쌈 토실이 흑석역점, 이문네일 캣츠 회기점, 서울열쇠 혁이제물 잠실점 등

■ 유명 상표와 상품군의 조합

① 유명상표(특정 제품 브랜드)와 해당 브랜드에서 제조한 상품군으 로 조합된 업체명은 반영되지 않습니다.
예 : 딤채 김치냉장고, 트롬 세탁기, 니콘 카메라, 삼성 컴퓨터, 다움 생식, 듀오백 의자 등

② 이런 경우, 해당 공식업체로 검색 이용자에게 혼란을 줄 수 있 으므로 사업자등록증에서 확인되더라도 반영하지 않습니다.

■특정 제품명

① 특정 상품명을 단독으로 사용한 업체명은 반영되지 않습니다.
예 : 라꾸라꾸침대, 매직블럭, 디스크앤드, 하기스 등

② 위 경우 해당 공식업체로 검색 이용자에게 혼란을 줄 수 있으므로 사업자등록증에서 확인되더라도 반영하지 않습니다.

■이슈 키워드

① 최근 이슈가 되고 있는 인기 키워드, 보편적인 인기 키워드를 조합해서 검색에 유리하게 작용하려는 의도로 판단되는 업체명은 반영되지 않습니다.
예 : 대장금떡집, 드라마 및 영화 제목, 급상승 인기 키워드 등

② 업체와 직접적인 관련이 없으나, 인기 키워드를 조합한 업체명은 반영되지 않습니다.
예 : 로또부동산, 해리포터 마법용품 등

③ 위 경우 사업자등록증 사본을 요청하며, 사업자등록증에서 확인되는 공식상호명으로 작성합니다.

■성인 키워드

① 성인 키워드가 포함된 업체명은 반영되지 않습니다.

② 위 경우 사업자등록증에서 확인되더라도 반영되지 않습니다.

■설명형 업체명

① 업체 성격 자체를 업체명으로 하거나, 동종업계 업체 설명에 공통적으로 적용될 수 있는 문구로 이루어진 업체명은 반영되지 않습니다.
예 : 화장품 전문쇼핑몰, 꽃배달 서비스업체, 과일 쇼핑몰, 복사기 전문할인 매장 등

② 문장형의 업체명은 등록되지 않습니다.

예 : 대한민국 대표 포장이사 리더 KGB 이사입니다.(X) → KGB 이사(O)

③ ①, ②의 경우 사업자등록증 사본을 요청하며, 사업자등록증에서 확인되는 공식 상호명으로 작성합니다.

■ 학원

① 교육청 권고사항에 따라 학원 광고는 학원운영사실증명서에 명시된 학원 실명으로만 작성할 수 있습니다(단, 어학원, 컴퓨터학원, 편입학원, 번역학원에 한합니다).

② 영업을 목적으로 하는 강사는 등록할 수 없습니다.

③ 검색 노출을 위한 연예인 이름 및 예명이라고 판단되면 등록 유보될 수 있습니다.

예 : XX학원 – 전진, XX학원 – 간미연, XX학원 – 가기철 등

④ 강사의 업체정보 등록시 특정 부서를 사칭한 업체명은 사용할 수 없습니다.

예 : XX학원 교육사업부, XX학원 상담부 등

⑤ 학원 지점 및 분원은 본사/본원 홈페이지에서 확인되는 공식 상호명으로 반영됩니다.

예 : XX학원 종로지점, 종로영등포 XX학원 등

⑥ 업체명에 지점 및 분원을 표기할 경우, 의미 없이 여러 지역명을 나열할 수 없습니다.

예 : XX학원 종로강남영등포, XX학원인천주안부천 등

■ 프랜차이즈/지점/대리점

① 프랜차이즈/본사의 대리점 및 지점 업체는 프랜차이즈명 + 지점명, 회사명 + 대리점/지점명 형태로 등록 가능합니다.

예 : 아웃백스테이크하우스 강남역점(O), 삼성디지털프라자 삼성점(O), 한

샘인테리어 탄현점(O)

② 사업자등록증상의 상호명으로 확인되더라도 프랜차이즈명 단독으로는 기재되지 않습니다.

예 : 아웃백스테이크하우스(X), 삼성디지털프라자(X), 한샘인테리어(X)

③ 프랜차이즈/지점/대리점은 본사 홈페이지에서 확인되는 공식 상호명으로 반영됩니다.

④ 본사 홈페이지에서 업체 정보가 확인되지 않으면 사업자등록증과 대리점 계약서류를 요청하며, 서류상의 대리점/지점명으로 반영됩니다.

■ 사업자등록증과 동일하게 반영할 수 없는 경우

① '( )'를 사용한 경우, '( )' 포함 괄호 안의 내용은 기재하지 않습니다.

② 30자 이상의 업체명은 기재하지 않습니다. 핵심키워드 선별을 요청하여 협의 후 반영합니다.

③ 수식어구 및 홍보문구를 제외한 핵심문구만 반영합니다.

④ 지역명이 1개 이상 포함된 경우 1개 이상 기재하지 않습니다.

⑤ 유명 브랜드명, 상표명, 사이트명을 단독으로 사용한 경우 기재하지 않습니다.

⑥ 욕설, 음란단어, 비속어 등은 기재하지 않습니다.

⑦ 최상급 표현의 업체명으로 품질을 짐작하게 해서 사용자가 오인할 염려가 있는 내용은 기재하지 않습니다.

⑧ 이용자에게 널리 인식되어 있는 상업적 성격의 보통명사는 사업자등록 확인 후 반영합니다.

⑨ 업종을 우회하기 위하여 발급된 사업자등록증 내의 업체명

은 반영되지 않습니다.

2. 업종

■ 기본 원칙

① 업체 성격에 가장 적절한 업종 카테고리로 등록하는 것이 원칙입니다.

② 한 업체에 한 개의 카테고리로 등록하는 것을 원칙으로 합니다. 여러 개의 전화번호로 업종을 달리해서 등록할 수 없습니다.

  i) 업체 성격을 포괄하는 상위개념의 분류로는 등록되지 않습니다.
    예 : 김밥 전문점 – 김밥(O)또는 분식(O), 음식점(X)
    예 : 웹디자인 전문학원 – 웹디자인 학원(O), 컴퓨터학원(X)
    예 : 컴퓨터 관련 다양한 분야를 교육하는 학원 – 컴퓨터학원(O)
  ii) 업종 카테고리 개편 이슈에 따라 업주가 등록한 업종 분류는 변경될 수 있습니다.
  iii) 온라인을 기반으로 하는 온라인 쇼핑몰은 사업장 위치 및 전화번호 정보가 유의미해야 등록 가능합니다.

■ 제한업종

성인/준성인 관련 업종은 등록되지 않습니다.

■ 유의업종

등록 가이드의 등록 기준을 참고하시기 바랍니다.

3. 전화번호 필드

■ 기본 원칙

① 하나의 업체는 하나의 업체 정보만 등록할 수 있으며, 1개의 대표전화번호와 5개의 관련 전화번호를 등록하실 수 있습니다.

② 유선 전화번호의 국번은 사업장 주소와 일치해야 합니다.
예 : 서울이 사업장 소재지인 업체는 전화번호가 서울 국번(02)으로 등록되어야 합니다.

4. 주소 필드

■기본 원칙

① 사업장이 위치한 행정구역상의 주소를 등록하며, 우편번호 검색을 이용해 등록하여야 합니다.

② 상세주소는 번지까지 기재합니다.

③ 사업장 주소와 관계없는 정보는 등록할 수 없습니다(업체명, 전화번호 반복 등록은 삭제 처리).
예 : 경기도 성남시 분당구 불정로 6 ㈜네이버(X) 경기도 성남시 분당구 불정로 6(O)

④ 사업장 주소를 찾아오는 방법 등으로 등록할 수 없습니다.
예 : 경기도 성남시 분당구 정자동 정자역 3번 출구에서 직진(X) 서울특별시 강남구 역삼동 747(O)

5. 홈페이지 필드(URL)

■기본 원칙

① 홈페이지 필드는 업체 상세페이지와 요약페이지에서 노출 가능합니다.

② 접속 가능 여부 체크 시 접속이 안 되면 등록되지 않습니다.

6. 찾아오는 길 필드

■기본 원칙

① 업체를 찾아올 수 있도록 찾아오는 길 정보를 등록합니다.

② 지하철과 인접한 업체는 지하철역을 기준으로 찾아오는 길을 등록합니다.

> 예 : 지하철 2호선 역삼역 3번 출구로 나와 50m 직진 후 스타타워 35층에 위치(O)

③ 찾아오는 길과 관련 없는 업체 소개나 막연한 내용의 찾아오는 길은 등록되지 않습니다.

> 예 : 전화주시면 모시러 가겠습니다.(X)

7. 가격 정보 필드

■ 기본 원칙

① 업체에서 제공하는 서비스/메뉴/상품에 대한 가격 정보를 등록합니다.

> 예 : 자장면 – 3000원(O), 황토방(15평형)

② 가격 정보 없이 서비스/메뉴/상품명만 등록하면 등록되지 않습니다.

> 예 : 자장면, 짬뽕, 탕수육(X) 가격정보 없으면 등록 불가

③ 구체적인 가격 정보가 없으면 등록하지 않습니다.

> 예 : 제품에 따라 차이 남.(X)
> 예 : 가격은 전화로 문의하세요.(X) (전화 문의 유도 불가)

④ 가격 정보라고 판단되지 않으면 해당 정보는 등록되지 않습니다.

> 예 : 디이어 공기주입 무료(X) 무료로 제공되는 서비스는 가격 정보가 아니므로 등록 불가

8. 사진 정보 필드

■ 기본 원칙

① 등록업체의 사업장 전경 및 제품 사진 등록 가능하며, 최대

120개까지 등록할 수 있습니다.

확장자가 JPG, GIF,PNG인 개별 파일 용량 10M 이하(GIF는 1M 이하)의 파일만 등록 가능합니다. 가로 세로는 각 4,000PX 이하만 등록 가능합니다.

② 업체명을 사업자등록증이나 제출서류에 명시된 업체명으로 등록하신 경우, 등록하신 업체명과 간판명이 다르면 간판 노출 사진은 등록할 수 없습니다.

③ 등록업체와 연관성 없는 사진정보는 등록되지 않습니다.
   예 : 연예인 사진, 풍경사진 등

④ 동일한 이미지를 중복등록하면 한 개를 제외한 나머지는 등록되지 않습니다.

⑤ 서비스 이용자로 하여금 혐오감이나 불쾌함을 줄 수 있는 이미지는 등록되지 않습니다.

⑥ 에디터가 판단하기에 해상도가 떨어지거나, 이미지 식별이 불가능하다고 판단하면 이미지는 등록되지 않습니다.

9. 영업시간 필드

■기본 원칙

① 업체의 영업시간과 관련한 내용을 등록할 수 있습니다.

② 영업시간과 관련 없거나 막연한 내용의 문구는 등록되지 않습니다.
   예 : 아무 때나 연락주세요. 언제든 배달가능 합니다. (X)

③ 선택한 영업시간과 영업시간 추가 설명 내용이 일치하여야 합니다.

예 : 영업시간 – 10:00~22:00, 추가설명 – 24시간 영업합니다.(X) 내용 불일치 등록 불가

④ 영업시간 세부 입력 사항

ⅰ) 영업시간 : 업체 영업시간을 드롭다운 박스에서 선택합니다.
예 : 10:00~22:00

ⅱ) 영업시간 추가 설명 : 영업시간과 관련해 추가할 내용을 15자 이내로 등록합니다.
예 : 연중무휴입니다. 토요일은 오후 5시까지 영업

10. 기타

■ 기본 원칙

① 업체정보에 네이버의 로고나 검색창, 네이버 서비스의 UI 디자인 등을 무단으로 사용하는 정보는 등록할 수 없습니다.

② 업체정보에 네이버 또는 네이버 서비스에서 제공하는 것처럼 연관 있는 것으로 오해할 수 있는 정보는 등록할 수 없습니다.
예 : 네이버 베스트 업체, 네이버 선정, 네이버 인증 등의 문구 사용 불가 및 네이버에서 인증한 태그로 보여질 수 있는 이미지 정보 반영 불가 등

출처 : 네이버 스마트플레이스 사업주 고객센터

스마트 플레이스 등록 기준 및 작성 기준은 네이버 정책 변경에 따라 수시로 변경될 수 있습니다. 아래의 QR코드를 스캔하셔서 변경 여부를 확인하시기 바랍니다.

〈업종별 제출 서류〉

유형	제출 서류 안내
종합 쇼핑몰, 의류, 패션잡화 가전제품, 상품권	통신판매신고증(간이과세자는 제외)
건강/건강기능 식품 판매	• 국내 소재 : 건강기능식품 영업신고증(식약청 발급) 또는 수입판매 영업신고증(식약청 발급) • 해외 소재 : 국내 사업자등록증 + 건강기능식품 영업신고증, 또는 국내사업자등록증 + 수입판매 영업신고증(식약청 또는 시/군/구청) (단, '식품안전나라' 사이트에서 확인되는 경우, 서류 제출 제외)
파일 공유	• '방송통신위원회' 사이트에서 특수 유형 부가통신 사업자 등록이 확인된 업체 • 사이트에서 아직 확인되지 않는 경우 특수한 유형의 부가통신사업자 등록증 제출(전파관리소 발급) (제출한 서류와 사이트 내용이 일치해야 함)
꽃배달, 컴퓨터 수리	국세청에서 최근 90일 내에 발급된 사업자등록증명
중고자동차매매	자동차관리사업등록증
방문판매업	방문판매업신고증, 후원방문판매업 등록증, 국세청에서 최근 90일 내에 발급된 사업자등록증명(업종 : 방문판매업 또는 후원방문판매업 필수) (공정거래위원회에서 확인되는 경우, 서류 제출 제외)
다단계 판매	다단계 판매업 등록증(시, 도청 발급) (공정거래위원회에서 확인되는 경우, 서류 제출 제외)
대리점, 지점, 가맹점	가맹점, 대리점 확인 서류(계약, 공문 등) (본사 사이트에서 주소, 전화번호, URL 등 1개 이상 일치하는 경우 서류제출 제외) (단, 가맹사업체 확인이 어려운 일부 업종의 경우, 서류 제출)
분원, 지점, 프랜차이즈 학원	분원, 지점 확인이 되는 본원의 공문
기업 블로그, SNS	해당 기업에서 운영한다는 사실을 입증할 수 있는 서류(사업자등록증 등) (기업 공식 사이트에서 확인되는 경우, 서류 제출 제외)
부동산 중개업	부동산 중개업소 개설 등록증(한국공인중개사협회의 사무소 개설 등록증) (한국공인중개사협회 또는 국가공간정보포털에서 확인되는 경우, 서류 제출 제외)
이사, 해외 이사	• 이사 : 화물자동차운송업허가증 또는 화물자동차운송주선업 허가증(3년 이내 발급) • 해외 이사 : 복합운송주선업 허가증(3년 이내 발급)
폐차업	자동차관리사업등록증(사업종류 : 폐차업 or 자동차해체재활용업) (한국자동차해체재활용업협회에서 확인되는 경우, 서류 제출 제외)

유형	제출 서류 안내
운전면허학원	• 운전면허 학원 : 자동차 운전학원 등록증(지방 경찰청) • 운전전문면허 학원 : 자동차 운전전문학원 지정증(지방 경찰청) • 전국 자동차 운전 전문학원 연합회에서 확인되는 경우, 서류 제출 제외
결혼 중개업, 결혼 정보 회사	• 국내 결혼 : 국내결혼중개업 신고필증(시, 구, 군청 발급) • 국제 결혼 : 국제결혼중개업 등록증(시, 구, 군청에서 발급) • 국내 및 국제 결혼 : 국내결혼중개업 신고필증 + 국제결혼중개업등록증 모두 제출 • 지점사이트 : 대리점, 지점, 가맹점 기준 적용 • 여성가족부에서 확인되는 경우, 서류 제출 제외
구인/구직	• 직업소개소 : 직업소개사업 신고(등록)필증 • 직업정보제공업 : 직업정보제공사업 신고증(단, 직업소개사업 신고(등록)필증이 접수된 경우 제외) • 직업소개 아웃소싱(근로자파견)업체 : 근로자파견사업허가증 • 도급업체 : 노조설립허가증(신고증) 또는 근로자공급사업 허가증(고용노동청발급, 등록일로부터 3년 이내의 것만 유효)
대출/대부업, 대부중개업	• 등록증, 대부이자율, 이자계산방법, 변제방법, 연체이자율, 그 밖에 대통령령으로 정하는 중요 사항을 일반인이 알 수 있도록 영업소마다 게시한 곳을 촬영한 사진 • 서류 : 영업소 게시항목 촬영 사진과 동일한 내용의, 등록일로부터 유효기간이 3년 이내인 대부업/대부중개업 등록증(금융소비자 정보 포털 파인, 한국대부금융협회, 한국소비자금융협의회에서 확인되는 경우 서류 제출 제외) • 대출모집인(영업사원)의 경우 아래 기준 만족해야 함 – 대출상담사 조회서비스에서 영업사원의 정보 필수 확인 – 홈페이지 메인 페이지에 성명, 대출상담사임을 의미하는 표시 및 등록번호, 전화번호 표기 – 대출상담사 조회서비스와 홈페이지 내 성명, 등록번호 일치
금융기관 연계, 대출업	금융기관 등록증 또는 상호저축은행 중앙회 등록증 또는 대출업무 위탁계약서 (상호저축은행중앙회, 금융위원회, 금융감독원에서 확인되는 경우, 서류 제출 제외)
의료기기	• 판매업, 임대업 : 판매업 또는 임대업 신고확인증(시, 구, 군청 또는 보건소) • 수입업 : 수입허가증(식품의약품안전처에서 확인되는 경우, 서류 제출 제외)
침술원	한의사 면허증 또는 침구사 자격증(1951년 이전 자격을 받은 침구사)
주류 판매	민속주 : 관할세무서장의 주류통신판매 승인 필요, 주세사무처리규정 제 74조에 따른 주류통신판매승인신청서

유형	제출 서류 안내

흥신소, 탐정, 심부름센터	• 채권추심 : 채권추심업 허가증(금융위원회)
	• 신용정보, 신용조회, 신용조사, 신용평가 :신용정보업 허가증
	  (금융위원회)
	• 소재탐지 : 신용정보업 허가증 + 채권추심업 허가증(금융위
	  원회)
	• 그 외 : 채권추심업 허가증

총포, 도검, 석궁	관할 지방경찰청에 신고된 판매허가증
화약류, 분사기, 전기충격기	관할 지방경찰청에 신고된 판매허가증
현역 국회의원, 광역/기초 단체장, 광역/기초 의원	당선증, 재직을 증빙할 수 있는 서류
정치인	당원등록증 또는 정당 소속임을 입증하는 서류

공증, 번역공증	• 공증인 임명증 또는 인가증서
	• 공증사무소 설치 인가서류
	  (필요서류는 등록일로부터 5년 이내의 것만 유효하며, 5년
	  이상 인 경우, 재인가 여부를 확인할 수 있는 법무부 공문 등
	  서류 접수 필요)

폐기물 수집, 운반 처리 (고물상)	국세청에서 최근 90일 내에 발급된 사업자등록증명
법률사무소(변호사)	• 변호사등록증명원 또는 법무법인설립인가증 또는 법무법인 인가증(대한변호사협회에서 확인되는 경우, 서류 제출 제외)
불법감청설비, 탐지업	불법감청설비탐지업 등록증 (과학기술정보통신부 중앙전파관리소에서 확인되는 경우, 서 류 제출 제외)

한약 판매(한약방)	• 한약판매업 : 한약업사면허 또는 의약품판매업허가증
	• 한약국 : 한약사면허증 또는 약국개설등록증 (건강보험심사
	  평가원 또는 대한한약사회에서 확인되는 경우, 서류 제출 제
	  외)

외국인 환자 유치 업체	외국인 환자 유치 업자 등록증(외국인 환자 유치 정보시스템 에서 확인되는 경우, 서류 제출 제외)

환전업	• 환전업체 : 외국환업무 등록증(기획재정부 발급)
	• 환전 영업업체 : 환전영업자등록증(한국은행 발급) or 환전영
	  업자등록필증(관세청 발급)
	  (관세청에서 확인되는 경우, 서류 제출 제외)

환전 영업	환전영업자등록증 또는 환전영업자등록필증
분양사무소, 모델하우스	국세청에서 최근 90일 내에 발급된 사업자등록증명
공항 주차대행업체	공항공사에서 주차대행을 인정했음을 확인할 수 있는 서류 (공항 홈페이지에서 확인되는 경우, 서류 제출 제외)
신용카드 회원 모집, 신용카드 발급 대행	신용카드 모집인 등록 증빙서류 (금융감독위원회 발급) 또는 신용카드사 영업 위탁 계약서
대여계좌	금융투자업(투자 매매업, 투자 중개업)에 대한 금융위원회 인 가 / 등록증(금융민원센터 또는 금융소비자 정보포털 파인에 서 확인되는 경우, 서류 제출 제외)

유형	제출 서류 안내
에스크로 서비스	금융민원센터 확인(금융기관(은행, 카드업체, 우체국, 농협, 수협, 한국산업은행, 기업은행 등의 국책은행)의 경우, 별도의 확인 및 서류 접수 절차 없이 등록 가능)
보증보험/신용보증기금	• 금융기관 등록증 • 상호저축은행 중앙회 등록증 • 대출업무 위탁계약서 • 금융감독원의 정식 인가를 받은 서울보증보험 이외 보증보험 업체 등록불가 (서울보증보험, 신용보증기금, 농림수산업자, 기술보증기금에서 확인되는 경우, 서류 제출 제외)
외국브랜드/ 외국기업의 한국지사	해당 브랜드의 한국 독점계약이나 해당 기업의 한국 지사임을 증빙할 수 있는 서류 확인 필요
경마/경륜/경정 정보 제공	• 마사회 지역 취재 기자증 • 마사회 제한구역 출입증 • 마사회 발행 경기결과 정보 사용 허가 (서류 내 업체명이 확인되지 않는 경우, 재직증명서도 같이 제출)
수상, 해양레저	수상레저사업등록증(요트업종의 경우 마리나선박대여업 등록증)
묘소/릉	• 향토지정문화재 지정서 • 도지정문화재 지정서 • 국가지정문화재 지정서
자동차대여사업	자동차대여사업 등록증
캠핑장	관광사업자 등록증(야영장업) 고캠핑에서 확인되는 경우 서류 제출 제외)
통신업종	정보통신공사업등록증(관할 지도사 발급) (한국정보통신공사협회 에서 확인되는 경우, 서류 제출 제외)

※ 서류상의 정보 및 직인 등은 명확하게 보여져야 합니다. 불명확한 서류로 인한 불이익은 당사에서 책임지지 않으니, 이 점 유의해주시기 바랍니다.

※ 서류 첨부가 필수인 업종 중 제출 서류 안내에서 언급되지 않은 업종은 사업자등록증 또는 90일 이내에 발급된 사업자등록증명을첨부해 주세요.

출처 : 네이버 스마트플레이스 사업주 고객센터

우리 가게를 알리는
효과적인 소개글

여러분은 사람을 볼 때 무엇을 먼저 보시나요? 당연히 외형이 먼저 눈에 들어올 것입니다. 얼굴 생김새, 키와 나이, 옷차림새 등이 첫인상을 판가름하는 기준이 됩니다. 그런데 그런 외형적인 조건 말고도 첫인상을 크게 좌우하는 것이 있습니다. 바로, 표정과 말투입니다. 웃는 얼굴로 대하는지, 찡그린 얼굴로 대하는지, 친절한 말투인지, 무미건조한 단답형 말투인지에 따라 우리는 상대방을 평가합니다.

'네이버 플레이스'를 방문한 고객도 바로 표정과 말투로 플레이스의 분위기를 파악합니다. 온라인에서 검색한 고객이 어떻게 가게의 표정과 말투를 파악할 수 있느냐고요? 가능합니다. 아니, 충분히 파악하고도 남죠. 바로 플레이스의 '소개글'을 통해서 말입니다.

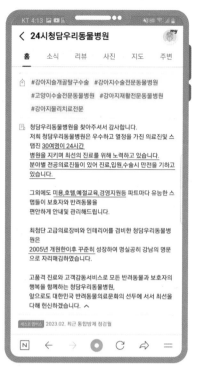

고객은 플레이스를 통해 정보를 알 수 있습니다.

동물병원의 '소개글'입니다. 의료진, 스탭진에 대한 간단한 소개와 진료시간, 병원의 역사 등도 알 수 있죠.

키우는 강아지가 아파서 동네 근처의 동물병원을 검색한 고객은 한 동물병원의 플레이스를 찾아냅니다. 쭉 둘러보다가 더 많은 정보를 알고 싶어서 동물병원의 '소개글'을 살피게 되죠.

직접 동물병원에 찾아가 둘러볼 시간이 없는 고객은 온라인에서 더욱 많은 정보를 얻을 수 있기를 희망합니다. '소개글'은 그런 고객의 요구 조건을 미리 충족시켜줄 수 있는 좋은 광고판입니다. '소개글'이 어떻게 쓰여 있느냐에 따라 고객은 그 업체를 선택할 수 있습니다. 반대로 정보가 부족하거나 자기가 찾는 정보와 맞지 않다고 느끼면 다른 업체 검색으로 방향을 돌릴 수도 있습니다. 그만큼 '소개글'은 플레이스의 첫인상을 판가름하는 첫인사와 다름 없습니다. 그렇다면 효과적인 '소개글'을 쓰려면 어떻게 해야 할까요?

꼭 알리고 싶은 키워드를 넣어라

앞의 동물병원 '소개글'에서 동물병원이 꼭 알리고 싶은 키워드는 무엇일까요? 우선 의료진의 숫자입니다. 총 30명이 진료대기하고 있다고 설명하고 있습니다. 그다음으로 진료시간을 알리고 있는데, 24시간 진료가 가능하다고 명시하고 있죠. 한밤중에 강아지나 고양이가 아프면 보호자는 당황하기 마련입니다. 이런 때 24시간 진료가 가능한 동물병원을 찾기 마련인데 그런 부분을 잘 안내하고 있습니다. 또한, 진료만 가능한 게 아니고, 입원, 수술도 가능하다고 설명하고 있죠.

이런 내용을 쭉 살펴보면 동물병원 측에서 알리고 싶은 키워드는 다음과 같이 정리할 수 있습니다.

- 의료진의 숫자
- 24시간 가능한 진료시간

- 진료, 입원, 수술의 가능 여부
- 미용과 호텔의 연계
- 동물병원의 역사

이런 내용을 쭉 살핀 고객은 자신이 찾고자 하는 동물병원에 부합하다고 여기면, 이 동물병원을 찾게 됩니다. 그렇게 되면 동물병원은 '소개글'을 작성해서 플레이스에 알리는 것만으로 새로운 고객의 유입을 기대할 수 있습니다.

사업주는 '소개글'을 작성할 때 어떤 키워드를 고객에게 어필하고 싶은지 미리 생각하고 작성해야 합니다. 정확한 키워드만 입력이 되어 있다면, 고객은 짧은 문장의 '소개글' 안에서도 충분한 정보를 얻을 수 있습니다. 무조건 문장이 길다고 해서 좋은 것은 아닙니다. 고객이 알고 싶은 정보는 쏙 빠진 채 문장이 길기만 한 '소개글'은 지루함을 주기 때문에 오히려 역효과가 발생할 수가 있죠.

'소개글'을 작성할 때는 고객에게 간결하게 정보를 전하면서 알리고 싶은 내용은 충분히 집어넣는 것이 좋습니다. 그래야 플레이스 검색으로 들어온 고객의 눈길을 사로잡을 수가 있습니다. 우리 가게나 업체의 장점이 무엇인지, 고객에게 알리고 싶은 정보가 무엇인지를 잘 선택, 취합해서 '소개글'을 작성해봅시다.

기본적인 정보 외에
우리 플레이스만의 매력을 더 어필한다

'소개글'을 통해 우리 가게, 업종만의 기본적인 정보를 전달하는 것
외에도 특별한 매력을 어필할 수 있습니다. 한 레스토랑의 '소개글'을
한번 살펴보겠습니다.

한 레스토랑의 '네이버 플레이스'
화면입니다. 스크롤을 내리면 '소
개글'을 보실 수 있습니다.

매력을 어필한 레스토랑 '소개글'의 예시

매일 아침 친환경 농장에서 직접 받아오는 최상급 재료들로, Esprit Chef의 전문 셰프들이 만든 요리와 부담 없이 즐길 수 있는 캐주얼한 와인이 페어링되는 공간입니다.

평일 오전 11시 30분부터 저녁 10시까지,
점심에는 신선한 재료로 만든 이탈리안 & 프렌치 가정식이,
해가 지면 하루의 피로를 풀어줄 와인과 그에 곁들일 컨템포러리 메뉴들이 준비됩니다.

재료 하나 소스 하나 허투루 하는 것 없이 정성껏 만들다 보니 조리 시간이 조금 걸릴 수 있어서, 예약하실 때 메뉴를 미리 주문해주시면 기다림 없이 드실 수 있습니다.

좋은 재료들과 정직한 실력으로 메뉴 하나하나 정성을 담아 행복한 시간을 준비해두겠습니다.

* 예약 가능 시간
[런치] 오전 11:30~오후 2:30 (라스트오더 2시)
[디너] 오후 5:30~6:30 (라스트오더 9시)
[BREAK] 오후 3:30~5:30
* 아쉽지만 주말에는 셰프님들의 요리 강의가 있어 당분간은 평일에만 영업합니다.
* 저녁 7시 이후 방문 고객님들은 예약 없이 워크인으로 방문하시기 바랍니다.

이 레스토랑의 특별한 매력은 뭘까요? '소개글'에서 엿볼 수 있듯이 '친환경 농장에서 공수한 최상급 재료', '전문 셰프가 만든 요리', '캐주얼 와인의 곁들임' 등이 매력이 아닐까요? 이렇듯 우리 가게만의 매력을 '소개글'을 통해 친절하게 설명하고 있습니다.

만약 미슐랭 가이드 맛집에 선정된 음식점이라면 그런 내용을 소개해도 좋겠죠? 맛집으로 유명해서 TV나 유명 유튜버 채널에 나온 적이 있다면 있는 그대로 적으셔도 됩니다. 요즘은 자기 PR시대니까요.

미쉐린 가이드 서울 2022 선정 맛집 '소개글'의 예시

가온은 오래전부터 이어져 온 전통 한식의 지혜를, 한국의 자연에서 얻은 식재료에 담아 요리로 만들어낸다. 이 과정을 주도하는 셰프는 음식에 대한 남다른 해석과 음식 연구에 대한 확신을 통해 가온에서만 경험할 수 있는 한식의 맛을 고객에게 전달한다. 가온을 이끄는 김병진 셰프와 한식 문화에 대한 자부심을 다양한 활동으로 표현해온 광주요의 하모니는 이런 방식으로 현대적인 한식의 특징을 보여주고 있다. 정적이고 차분한 분위기가 어우러진 우아한 다이닝 공간과 서비스도 가온의 음식과 좋은 궁합을 자랑한다. 넓게 확장된 다이닝홀에는 각종 모임이나 비즈니스에 적합한 별실이 마련되어 있어 손님들에게 편안한 식사 환경을 제공한다.

'소개글'을 작성하는 데 정답은 없습니다. 특별한 양식도 필요 없죠. 하고 싶은 이야기, 알리고 싶은 정보, 거기에 우리 가게, 업종만의 특별한 매력을 더해서 솔직 담백하게 쓰면 됩니다. 이런 '소개글'을 잘 쓰고 싶다면 평소 글쓰기 연습을 해두는 것도 좋습니다. 아니면 잘 쓴 글의 표현을 익혀 우리 가게 '소개글'에 접목시켜도 좋겠죠.

어떤 방법이 되었든 '소개글'은 고객을 맞이하는 첫인사라는 것을 잊지 말아야 합니다. 웃는 얼굴로 맞이하면 고객도 웃는 얼굴로 찾아옵니다. 친절한 말투의 '소개글'을 본 고객은 안심하고 찾아옵니다. 짧은 글이지만 그 안에는 많은 것을 담아낼 수 있다는 점을 꼭 기억하셔야 합니다.

네이버 플레이스 입력 정보 우수 사례

구분	내용
업체명	인투 동성로점
점포 상세 설명	인투는 이런 식당입니다. 1. 30년 넘은 음식점입니다. 1992년 영업한 이래 지금까지 운영해오고 있습니다. 양식당이 30년 넘은 집은 대구에서 손에 꼽힙니다. 오래된 것이 자랑이 아니라 시대가 바뀌고 환경이 바뀌어가는 세상 속에서 노력하는 식당이기에 가능하지 않았을까요? 물론 행운도 있었겠죠. 그런 행운을 고객님들과 함께 나누고 싶습니다. 많이 찾아주십시오. ^^ 2. 지중해식 음식점입니다. 이태리식, 프랑스식, 스페인식 음식점은 들어봤지만 지중해식 음식점은 생소하실 겁니다. 저와 제 동생은 청년 시절 여행을 많이 다녔습니다. 장사하는 동안에도 1년에 한 번씩은 유럽 여행을 다녀오기도 했습니다. 유럽에서 맛있게 먹었던 각 나라의 음식들이 지중해 연안을 낀 나라들이었습니다. 양식을 좋아하고 배우고 싶었습니다. 그래서 인투에서 직원으로 시작했고 가게까지 인수받았습니다. 사장이 되고 나서 지중해 연안을 둘러싼 유럽에서 맛있게 먹었던 그 경험을 공유하고 소개시켜주고 싶었습니다. 인투를 통해 고객님들과 소통하고 싶습니다. 3. 초심을 지키고자 노력하는 음식점입니다. 20대 젊은 날 시작한 가게를 40대가 넘어서도 초심으로 장사하려고 노력합니다. 그날 만들 소스를 준비하기 위해 출근길에 오토바이를 타고 시장에 직접 가서 장을 봐서 준비합니다. 형제 둘이서만 운영하던 식당에서 직원은 늘었지만 여전히 같이 요리, 서빙을 합니다. 나이가 들어감에 아픈 곳도 많아지고 체력도 예전만 못하지만 마음은 변함없이 초심을 지키려고 합니다. 늘 노력하는 인투가 되도록 노력하겠습니다.

구분	내용
점포 상세 설명	4. 9년 동안 블루리본 음식점입니다. 블루리본이라는 한국 최초의 국내 맛집 가이드에서 9년 동안 스티커를 받았습니다. 지방에 블루리본 서베이가 시작한 게 2014년부터입니다. 그때부터 블루리본 스티커를 받아왔습니다. 맛이라는 것이 객관적이고 일반화시킬 수 없지만 많은 고객님들이 찾아와주시고 또 맛있다고 말씀도 많이 해주십니다. 100명이 와서 100명 모두가 맛있는 식당은 불가능하지만 100명 중 한 분이라도 더 만족하고 돌아가실 수 있게 노력하고 있습니다. 맛있게 만들어서 더 열심히 채찍질하라는 표창장 같아서 더욱더 노력하고자 합니다. 자랑이 자만이 되지 않도록 열심히 하는 식당이 되도록 하겠습니다. 5. 특별한 음식을 판매하는 평범한 식당입니다. 저와 제 동생은 유럽 여행 중 시골의 한 식당에서 먹었던 음식과 그때 경험을 아직도 기억하고 있습니다. 약 20년 전 먹었던 음식이었기에 특별했지만, 그 나라에서는 몇백 년 동안 먹어왔던 일상의 메뉴였을 겁니다. 저희 가게의 외관과 인테리어도 유럽에서 심심치 않게 볼 수 있는 평범한 집일 텐데 그런 집이 대구의 도심에 자리해 있기에 이국적으로 보일 것입니다. 영국 런던에서 홍대 포차가 영국인에겐 이국적이겠지만 우리에겐 익숙한 것처럼… 인투를 레스토랑이라고 말하지 않는 이유가 그것입니다. 늘 고객님 곁에 편안하고 친근한 식당으로 남고 싶습니다. 모자라고 부족한 점을 채우려고 인투를 운영하면서 하루하루 살다 보니 어느덧 시간이 이렇게 흘렀습니다. 돌이켜 보니 좋은 날이 올 거라 하루하루 버틴 게 아니라 그 하루하루 자체가 좋은 날이었던 거 같습니다. 인투를 찾아주시는 모든 고객님들 모두 좋은 하루 되세요!! Today is good day!!
찾아오시는 길 (400자)	동성로 스파크(관람차)에서 국채보상공원 방향으로 내려오시다 보면 작은 사거리가 있습니다. 작은 사거리에서 교동(대구역) 방향으로 내려오시면 이국적인 잔디 마당의 집이 있습니다. 그 집이 지중해음식점 인투입니다!
운영 중인 SNS	블로그 : https://blog.naver.com/allen2828 인스타그램 : https://www.instagram.com/into._.1992 스마트스토어 : https://smartstore.naver.com/into-1992
영업시간	영업시간 : 12:00~21:00 브레이크 타임 : 15:00~17:00 라스트 오더 : 20:00

구분	내용
업체명	국시트멍 제주고기국수
점포 상세 설명	'국시트멍'은 2013년 제주 노형동에서 13평의 작은 매장에서 고기국수, 멸치국수, 비빔국수를 주 메뉴로 영업을 시작했습니다.

'국시트멍'은 국수라는 뜻의 다른 이름 '국시'와 '좁은 틈새, 틈, 서로의 사이를 트면서…'라는 뜻을 가진 제주어 '트멍'을 합성한 상호명으로 '13평의 좁은 공간에서 국수 한 그릇 드시면서 서로의 사이를 더 트셨으면 하는 마음을 담은 이름입니다.'

또 다른 뜻으로는 주변 한라대 학생들이 만들어준 의미인데 국시트멍에서 국수를 먹으면 국가고시(국시)의 좁은 관문을 터서 합격한다(트멍)는 의미를 만들어주어 국가고시 전에 각종 고시생들이 많이 찾는 유명 맛집이 되었고, 또 합격생들도 많이 배출시킨 식당이 되었습니다.

2013년 6월 27일부터 영업을 시작해 많은 실패와 성공의 과정을 거치다 2017년 정도부터 지역에서 줄 서는 맛집으로 알려지기 시작했고, 2020년 6월 27일부로 바로 옆 매장인 현재의 위치로 확장 이전해 영업을 이어나가고 있습니다.

2020년 자리를 이전하는 시점이 '코로나19'가 한창 확산 시작되고 있는 시점이었어서 많이 불안하고 두려웠습니다.
이런 암울한 시기에 확장 이전하는 게 맞는 결정인가… 그냥 이 전염병이 사라질 때까지 움츠리고 있어야 하는 게 맞는 일 아닌가… 그러나 그것들은 전부 기우였습니다. 이전 개업한다는 소식을 주변에 알리지도 않고 그냥 이전하는 장소에 현수막만 걸어 알렸지만, 개업 첫날부터 엄청난 대기 손님을 맞이하게 되었고 현재까지 꾸준한 사랑과 관심을 받고 있습니다

대표 메뉴로는 2년이란 시간 동안 온갖 실험을 통해 만들어낸 다른 가게에서 드실 수 없는 특별한 맛의 '고기국수', 여름철 모든 걸 다 얼려버릴 듯한 기세를 지닌 얼음 국수 '산도롱한면', 세 가지 멸치를 섞어 2시간 이상 우려내어 고소하고 진한 맛을 내는 '멸치국수', 한 번 만들 때마다 20kg의 사과와 20kg의 배를 갈아 넣어 기분 좋은 단맛을 지닌 새콤 달콤 매콤한 '비빔국수', 특제 소스에 잘 삶아낸 돼지고기를 얇고 넓게 썰어 내어 독특한 소스에 적셔 야채를 얹어 먹는 재미있는 '돈쌈'이 있으며 앞으로도 손님들께서 더 맛있고 좋은 시간을 즐기실 수 있는 메뉴를 연구·개발하고 있습니다.

구분	내용
점포 상세 설명	앞으로도 변함없이 꾸준한 모습을 유지하기 위해 노력할 것이며 '좋은 사람들과 행복한 시간을 드리겠습니다'라는 사훈을 지켜내기 위해 최선을 다해 최고의 노력을 하겠습니다. 감사합니다.
찾아오시는 길 (400자)	제주시 노형동 제주제일고등학교 정문 앞 사거리 방향의 첫 왼쪽 골목에 위치하고 있으며, 맘편한 산부인과 뒤편, 으뜸마을 주공아파트 정문 맞은편 한블럭 안쪽, 노형우편집중국 정문 앞 골목으로 100m정도 올라오셔서 막다른 골목 오른편에 위치해 있습니다. 버스로 오실 경우 제주제일고등학교 정류장, 으뜸마을아파트 정류장에서 내리셔서 맘편한 산부인과 뒷 블럭 그리고 제주제일고등학교 정문 쪽으로 오시면 찾으실 수 있습니다. 주차하실 경우에는 가게 바로 옆에 있는 '늘푸른 노형 제3공영 주차장'을 이용하시면 45분간의 주차 요금을 지원하고 있습니다.
운영 중인 SNS	블로그 : https://blog.naver.com/daehoon76
영업시간	영업시간 : 12:00~21:00 브레이크 타임 : 15:00~17:00 라스트 오더 : 20:00

출처 : 김영갑 교수의 온라인 마케팅 전문가 과정

알려야 할 기본 정보를
다 입력하기

'네이버 스마트플레이스'에 가입하고 앱 설치도 끝났다면, 이제 기본 정보를 입력할 차례입니다. 앞서 설명한 '소개글'도 플레이스를 알리는 기본 정보에 해당될 수 있는데 '소개글'을 작성해서 알리는 플레이스가 있고, 아닌 플레이스가 있습니다. 저라면 '소개글' 작성도 꼼꼼히 해서 우리 가게, 업종을 알리는 데 주력할 것입니다. 할 수 있는데 굳이 안 할 이유는 없으니까요.

'네이버 스마트플레이스' 가입이 끝나면 네이버에서 기본적으로 요구하는 정보를 입력해야 합니다. 입력 항목은 필수 정보, 상세 정보로 분류되는데, 모두 빠짐없이 등록해야 네이버의 검색 노출에서 유리한 위치를 선점할 수 있습니다.

기본 정보를 잘 입력하자!

'네이버 스마트플레이스'에 입력해야 할 기본 정보는 다음과 같습니다.

① 대표업체명

사업자등록증에 명시된 업체명을 그대로 입력합니다. 애초에 사업자를 낼 때 '네이버 플레이스'를 활용할 것을 염두에 두고 업체명을 짓는 게 좋습니다. 사업자등록증의 이름이 왠지 고리타분하게 느껴지고 유행에 뒤처지는 느낌이 들어서 '네이버 플레이스'에는 다른 업체명을 사용하고 싶다면, 승인 절차가 복잡해질 수 있습니다.

사업자등록증의 대표업체명 말고 간판에 사용하는 간판명을 사용하고 싶다면, 사진 필드에 등록해서 사용합니다. 네이버가 제시하는 등록 기준에 맞춰서 꼼꼼하게 점검하고 대표업체명을 기입합니다.

대표업체명을 만들 때 유념해야 할 사항이 있습니다. 고객이 PC나 스마트폰에서 검색할 때 똑같은 상호, 유사한 상호가 많이 겹치는지 미리 살펴봐야 합니다. 똑같은 상호가 이미 많다면 아무래도 검색 노출에서 불리할 수밖에 없습니다.

기껏 플레이스 정보를 등록해놓았는데 검색이 잘되지 않으면 아무런 효과가 없겠죠. 따라서 상호명을 정할 때 세상에 비슷한 상호, 똑같은 상호가 있는지 먼저 검색해본 다음, 작명하는 것이 우선입니다.

② 전화번호

매장에서 사용하는 대표 전화번호를 입력합니다. '스마트콜'을 사용하면 고객의 통화 분석이 가능하고, 부재 시에 연결할 수 있는 또 다른 대표 전화번호를 입력할 수 있습니다. 개인번호 노출이 부담스러운 여성 사업주의 경우는 '0507'로 시작하는 안심번호를 사용하면 보다 안전하게 매장 운영을 할 수 있습니다.

③ 사업장 주소

사업장이 위치한 주소를 정확히 입력합니다. '네이버 플레이스'는 위치 기반 서비스입니다. 이 위치는 사업장이 위치한 주소를 기반으로 서비스됩니다. 따라서 정확한 주소 기입은 필수항목입니다.

④ 업종

네이버 업종 등록 기준에 맞춰 업종을 선택해 등록합니다. 가게, 업체 성격에 가장 부합하는 한 개의 업종 카테고리로 등록합니다. 예를 들어, 라면 전문점을 등록하려고 한다면 '라면' 또는 '분식'은 등록이 가능합니다. 그런데 이보다 더 상위 카테고리 개념인 '음식점' 등록은 하지 않습니다. 자신이 하고자 하는 업종이 어떤 개념에 들어가는지 잘 파악하고 등록을 마칩니다.

⑤ 이용시간

사업장의 운영시간, 영업시간을 정확하게 입력합니다. 이용시간을 명시하고 '연중무휴'이거나 주말에는 선별적 영업 시간이 있다면 따로 명시합니다. '토요일은 오후 4시까지만 영업', 이렇게 말이죠.

'이용시간' 정보가 친절하게 기입되어 있는 것을 확인할 수 있습니다. 요일별로 이용시간이 다르다면, 정확하게 표기해야 합니다.

메뉴 사진과 가격 정보는 필수!

기본 정보를 다 입력했다면 이번에는 메뉴 사진과 가격 정보를 입력할 차례입니다. 특히 음식점이나 카페라면 이 두 가지 정보를 필수적으로 입력하는 것이 좋습니다.

식당의 메뉴 사진입니다. 잘 나온 음식 사진과 함께 음식에 대한 상세한 설명, 가격 정보가 입력되어 있습니다.

'국시트멍 제주고기국수'가 궁금해진 고객이 상세 클릭을 하면 이 음식을 이미 맛본 또 다른 고객의 블로그를 통해 더욱 상세한 리뷰를 검색할 수 있습니다

메뉴 사진이 없는 음식점과 있는 음식점의 고객 유입도 차이는 엄청납니다. 고객은 잘 나온 메뉴 사진에 더 후한 점수를 줄 수밖에 없기 때문이죠.

고객은 메뉴 사진을 보고 자신이 찾는 음식점인지를 판단합니다. 원래는 여기를 찾으려고 했던 게 아닌데, 먹음직스럽게 나온 음식 사진을 보고 여기를 방문하는 것으로 마음을 바꿀 수도 있습니다. 그만

큼 메뉴 사진의 힘은 강력합니다.

　메뉴에 대해 조금 더 궁금증이 생긴 고객은 상세 클릭을 시도합니다. 메뉴 사진을 클릭하면 더 많은 정보와 함께 그와 관련된 다른 고객의 리뷰, 즉 블로그 등을 방문할 수 있습니다.

　이처럼 메뉴 사진과 가격 정보를 제대로 올리는 것만으로 사업주는 일종의 광고 효과를 누릴 수가 있습니다. 예전에 가게를 방문했던 고객이 호의적인 리뷰 글을 써서 블로그에 올린다면, 사업주 입장에서는 광고글을 직접 쓰지 않았는데도 새로운 광고의 효과를 볼 수 있게 되는 거죠. 온라인 검색의 장점은 바로 이런 부분에 있습니다. 검색의 꼬리에 꼬리를 물어 다른 사람의 손을 빌어 더 많은 사람에게 광고할 수 있는 게 '네이버 플레이스'의 장점입니다.

　메뉴 사진을 올릴 때는 제일 주력하는 상품의 메뉴를 상단에 올리는 것이 좋습니다. 즉, 메인 음식이 상단에 노출되면 고객은 그 가게의 특징을 바로 알 수가 있습니다. 만약 삼계탕 전문점인데, 첫 번째 메뉴 사진이 제육볶음이면 곤란하겠죠. 주력 상품인 삼계탕을 상단에 올리고 순차적으로 메뉴 소개를 하는 것이 순서입니다.

　사진 찍는 것에 일가견이 있다면 메뉴 사진을 직접 찍어 올려도 되지만 전문 사진작가에게 사진을 의뢰해 찍는 것이 더 효과적입니다. 음식사진을 어느 각도로 찍느냐에 따라 더 맛있어 보이기도 하고, 덜 맛있어 보이기도 하기 때문이죠. 조명도 한몫합니다. 우리 가게, 업종에 적합한 사진을 연출하기 위해 전문가의 손을 빌어보는 것이 시간도 아끼고 보다 높은 광고 효과를 얻을 수 있습니다.

이렇듯 기본 정보 입력과 메뉴 사진, 가격 정보 등을 입력했다면, 그 정보는 그대로 검색한 고객의 눈에 들어오게 됩니다. 만약 주력했던 메뉴를 바꾸고 서비스했던 메뉴가 사라졌다면, 정보 수정을 바로 해야 합니다. 스테이크가 먹고 싶어서 레스토랑을 방문한 고객이 찾고자 한 스테이크가 메뉴에서 사라진 것을 뒤늦게 알았다면 낭패입니다. 꾸준한 정보 관리는 필수입니다. 내가 서비스하는 내용과 플레이스에서 소개되는 내용이 일치하고 있는지 항상 점검하는 습관을 들이시길 바랍니다.

제2장

스마트플레이스를 알면
나도 영업 최강자!

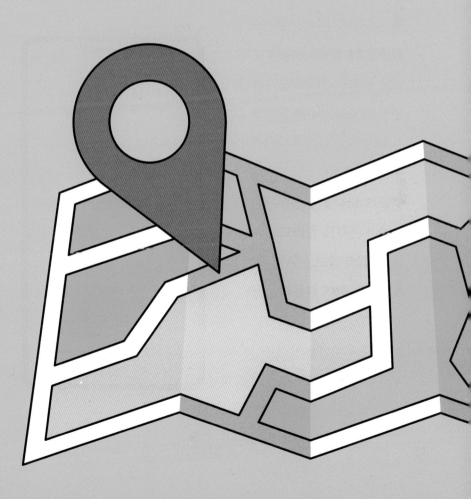

상위노출이 생명인
스마트플레이스

이제 막 가게를 창업한 사업주도, 이미 창업한 지 몇 년이 지난 사업주도 고민은 같습니다.

"어떻게 하면 매출을 끌어올릴 수 있을까?"

이 고민은 매출이 0에서 시작하는 사업주나 매출이 수십, 수백억 원이 넘는 사업주도 늘 하는 고민입니다.

온라인에서 매출을 끌어올리는 방법은 바로 '노출'입니다. 아무리 꼼꼼히 정보를 입력하고 메뉴 사진을 잘 찍고 가격 정보를 올린다고 해도 네이버에서 검색 노출이 잘되지 않으면 소용이 없습니다.

처음에 창업하고 어느 정도 단골이 확보되면서 매출이 본격적으로 오르는 시점이 옵니다. 그런데 어느 순간 주춤하게 되죠. 더 이상 오르지 않고 제자리걸음, 또는 하락하는 매출을 보고 사업주는 안절부절 못하게 됩니다. 새로운 고객을 확보하지 않는 이상 더 이상의 매출 증대는 꿈을 꿀 수 없게 되는 거죠.

매출을 끌어올리려면, 즉 신규 고객의 유입을 활성화시키려면 아까도 말씀드렸지만, 검색 노출이 원활하게 지속적으로 되어야 합니다.

온라인은 그야말로 치열한 전쟁터입니다. 동종업계의 수도 어마어마하고 새로운 가게가 매일 생성되는 곳입니다. 살벌한 경쟁 시장에서 살아남으려면 다양한 방법이 시도되어야 하겠지만, 그중에서도 검색 상위노출은 사업주라면 누구나 꿈꾸는 최고의 마케팅입니다.

그렇다면 어떻게 해야 상위노출을 이뤄 고객의 노출 빈도를 올릴 수 있을까요?

네이버가 원하는 정보를 빠짐없이 입력하자

누구는 쉽게 말할 수 있습니다. "노출이 잘되게 하려면 광고비를 쓰면 되는 거 아냐?", "매출을 오르게 하려면 그만큼 또 돈을 써야지!" 당연한 말이지만 그것을 모르는 사업주는 없을 것입니다.

문제는 광고비 지출이 꽤 만만치 않다는 것이죠. 광고비 지출은 소상공인, 자영업자에게는 쉽지 않은 결정입니다. 매출로 얻은 수익을 고스란히 광고비 지출로 써야 한다면, 부담스러울 수밖에 없습니다.

그런데 광고비를 쓰지 않고도 검색 노출에서 우위를 점할 수 있는 방법이 있습니다. 바로 네이버가 원하는 정보를 빠짐없이 입력하는 것입니다. 앞서 설명한 것처럼 네이버 플레이스를 관리하려면 입력해야 할 기본 정보가 있습니다.

대표업체명, 이용시간, 주소, 오시는 길, 메뉴 사진과 가격 정보 등의 기본 정보 외에 홈페이지나 SNS 채널 정보 등의 상세 정보가 있는데, 이런 정보를 빠짐없이 정확하게 입력하는 것만으로 노출 검색에서 유리한 고지를 점할 수가 있습니다.

누구나 다 기본 정보를 입력하는 것 같아도 실제로는 그렇지 못한 경우가 많습니다. 어떤 플레이스는 주소, 이용시간 등만 있고, 메뉴 사진과 가격 정보를 알리지 않는 곳도 있습니다. 또 어떤 가게는 '소개글'을 너무나 짧고 불성실하게 작성해 오히려 역효과를 주는 곳도 있죠.

추천 시청 유튜브 영상
〈네이버 플레이스 등록과 수정〉

다음은 잘 정리된 플레이스 정보의 예입니다.

고석환손만두전골 칼국수, 만두

★ **4.37**/5 · 방문자리뷰 922 · 블로그리뷰 194

📞 전화　☆ 저장　↗ 길찾기　↪ 공유

홈　소식　메뉴　리뷰　사진　지도　주

이벤트, 혜택 알림을 받아보세요!　🔔 알림받기

행복한 2월입니다.
2023.02.01. ~ 2023.02.28.

📍 서울 성북구 성북로2길 55 우리빌딩1층 ∨ · ◎ 지도
· ⓐ 내비게이션 · ◎ 거리뷰
④ 한성대입구역 7번 출구에서 243m

고객은 알고 싶은 기본 정보 외에 상세 정보까지 알 수 있어 이 가게가 친절한 플레이스라는 것을 미리 알 수 있습니다.

📍 서울 성북구 성북로2길 55 우리빌딩1층 ∨ · ◎ 지도
· ⓐ 내비게이션 · ◎ 거리뷰
④ 한성대입구역 7번 출구에서 243m

🕐 **영업 중** · 20:30에 라스트오더

　화 **11:00 - 21:00**
　　15:30 - 16:30 브레이크타임
　　15:00, 20:30 라스트오더
　수 **11:00 - 21:00**
　　15:30 - 16:30 브레이크타임
　　15:00, 20:30 라스트오더
　목 **11:00 - 21:00**
　　15:30 - 16:30 브레이크타임
　　15:00, 20:30 라스트오더
　금 **11:00 - 21:00**
　　15:30 - 16:30 브레이크타임
　　15:00, 20:30 라스트오더
　토 **11:00 - 21:00**
　　15:30 - 16:30 브레이크타임
　　15:00, 20:30 라스트오더
　일 **11:00 - 21:00**
　　15:30 - 16:30 브레이크타임
　　15:00, 20:30 라스트오더
　월 정기휴무 (매주 월요일) ∧

📞 02-744-1990 ⓟ 복사

⊡ 제로페이

🛋 주차, 포장, 배달, 무선 인터넷, 남/녀 화장실 구분

🏠 https://blog.naver.com/hihiheheyoung

📄 안녕하세요!
손손손 아직 손만두를 고집하고 있는 고석환손만두입니다.
매일 신선한 각종 야채와 돼지고기로 풍성한 만두소를 만들어
정성스레 빚은 손만두는 만두국, 만두소고기샤브샤브,소곱창만두전골,모둠군만두로 정성껏 담아내어 드립니다

혼자오셔도, 여러분이 오셔도 반갑습니다.
만두드시고 싶은 날은 고석환손만두 꼭~ 기억하세요

2009년 여름 길음동 내고향왕만두
동갑내기 소띠부부는 3평의 작은 만두가게를 시작했습니다.
간절한 마음은 행운이 되어 2016년 동소문동(한성대역)에 고석환손만두로 다시금 자리잡았습니다. 이곳에 자리잡기까지 힘든 여정도 있었지만 여러분의 성원과 사랑에 힘입어 더욱 단단하게 성장하고 있습니다. 처음 마음 ··· 치않고 좋은 식재료와 정성으로 모시겠습니다. ∧ ↑

'네이버 스마트플레이스'를 통해 입력된 정보는 우리 가게의 명함과도 같습니다. 고객은 제공된 정보를 바탕으로 그 가게를 찾기도 하고, 찾지 않기도 합니다. 아무래도 꼼꼼하고 친절하게 입력된 플레이스가 고객이 '많이 찾는' 가게가 될 가능성이 큽니다.

네이버는 AI 딥러닝을 통해 고객이 많이 찾는 소위 '요즘 뜨는', '핫한', '리뷰평이 좋은' 가게를 선별해서 상위에 노출시킵니다.

네이버가 원하는 기본 정보, 상세 정보만 잘 정리해서 입력하기만 해도 광고의 효과를 충분히 누릴 수 있다는 점을 숙지하셔야 합니다.

고객은 매의 눈을 가지고 있습니다. 대충대충, 설렁설렁 하는 플레이스 관리는 고객의 눈에도 바로 띌 것입니다. 성실한 플레이스로 각인될 것이냐, 불성실한 플레이스로 선별되어 찾고 싶지 않은 매장이 될 것이냐는 순전히 관리자의 몫입니다.

사람들이 클릭할 만한 요소를 갖추자

1인 1스마트폰 시대가 되면서 사람들은 하루에도 수많은 정보를 시시각각 접하면서 살아가게 되었습니다. 과거에는 PC의 전원을 켜야만 온라인의 정보를 취할 수 있었지만, 지금은 손안에서 아무 때나 원하는 정보를 얻을 수 있는 편리한 시대가 되었죠. 그러다 보니 아주 짧은 시간 동안에도 수많은 정보의 홍수를 경험하게 됩니다. 스마트폰 사용자들은 더욱 새로운 정보, 좀 더 자극적인 정보로의 이동이 너무나 쉬워졌습니다.

이런 환경 속에서 플레이스 검색도 똑같이 이뤄집니다. 고객은 '조금 전에 본 플레이스를 능가하는 새로운 플레이스가 어디 없을까?' 생각합니다. 생각은 바로 행동으로 이어지죠. 손가락 한 번의 클릭으로 바로 새로운 정보를 찾아낼 수 있기 때문입니다.

그렇기 때문에 플레이스를 관리하는 사업주는 고객의 시선이 좀 더 오래 머무를 수 있는 장치를 마련해둬야 합니다. 그래야 변심이 쉬운 고객의 마음으로 그나마 오래 붙들어 매둘 수 있습니다. 그렇다면 사람들은 어떤 때 클릭을 한 번 더 하게 될까요?

① 사진에 목숨을 걸어라

고객은 시각적인 자극에 예민합니다. 예쁜 사진, 귀여운 사진, 먹음직스러운 사진을 보고 마음이 동하지 않을 사람은 없습니다. 플레이스도 마찬가지겠죠. 고깃집을 운영하는 사업주라면 잘 구워진 고기 사진을 적절하게 활용할 줄 알아야 합니다. 오마카세 레스토랑이라면 정돈된 플레이팅 사진을 메뉴 사진으로 올리는 것이 필요합니다. 고객은 그렇게 시각화된 사진을 보고 그 플레이스의 분위기와 맛, 멋을 추가로 상상합니다. 그 상상력이 흡족하다고 느꼈을 때, 고객은 방문해보기로 결정하는 것이고요.

만약 네일샵을 운영하는 점주라면 예쁜 손에 네일을 받은 사진을 여러 장 올리는 노력이 필요합니다. 그래야 고객이 다양한 네일 디자인을 보고 네일샵의 실력을 가늠할 수 있습니다.

피부과 병원이라면 새로 들여온 기계를 사진으로 찍어 기계 설명과 함께 시술의 효과를 알리는 게 필요합니다. 피부과나 성형외과를 찾을 정도의 고객이라면, 기계의 유행에도 민감하고 이미 사전 정보를 알고 들어온 경우가 많을 테니까요.

네일샵에서 제공하는 다양한 디자인의 네일아트, 어떠신가요?

고객은 시각적인 만족감을 1차로 느끼면, 그다음 상세 정보를 더 알아내기 위해 클릭을 시도합니다. 클릭의 시도가 많을수록 노출의 빈도가 높아지는 것이고, 노출의 빈도가 높아질수록 매출 증대의 가능성이 커집니다. 그만큼 시각적인 요소에 신경을 쓰는 것은 플레이스 마케팅에서 아주 중요한 기법입니다.

② 가격을 특화시켜라

'가성비'라는 말이 있습니다. 같은 가격을 지불하고도 만족감이 크면 "가성비가 좋다"라고 하고, 만족감이 떨어지면 "가성비가 나쁘다"라고 말하죠. 싸고 맛있는 백반집을 찾는 고객이 생각보다 비싼 가격표가 플레이스 정보로 제시되면 과연 그 가게를 방문할까요? 반대로 비싼 오마카세를 먹고 싶어 검색을 시도한 고객이 오마카세 집에서 생각보다 너무 낮은 가격을 제시한다면, 서비스 품질에 의심부터 할 수 있습니다.

고객은 자신이 원하는 가격 기준이 있습니다. 예를 들어, 삼계탕이라면 10,000원에서 20,000원 정도의 가격을 예상합니다. 가격이 10,000원인데 양도 푸짐하고 맛도 좋다면, 그 삼계탕집은 아주 유명한 맛집일 가능성이 큽니다. 늘 문전성시를 이루고 리뷰평도 좋을 테고요. 반대로 20,000원을 제시한 삼계탕집인데 생각보다 맛도 별로고 서비스도 불친절했다면, 그 내용이 고스란히 리뷰 글에 담겨 부정적인 평가를 받고 있을 확률이 높습니다.

가격은 고객이 플레이스를 선택하는 중요한 관점이 됩니다. 사업주는 자신이 제시한 가격이 고객의 입장에서 합당한 가격인지 수시로 점검해야 합니다. 내 가게에서 장사만 하고 있으면 객관적인 평가가 어렵기 때문에 플레이스에 올라오는 고객의 리뷰평도 참고하고, 다른 플레이스의 고객평도 비교해가며 가격을 책정해야 합니다.

네이버에서 최상의 노출을 위한 꿀팁

네이버에서 상위노출을 하기 위해 어떻게 전략적으로 접근해야 할까요? 그 답은 네이버에서 제공하는 기준에서 찾을 수 있습니다. 그렇다면 네이버에서 제공하는 기준은 무엇이 있을까요?

가장 먼저 검색 엔진 최적화에 대해서 알아봅시다. 검색 엔진 최적화, 즉, 'SEO'는 'Search Engine Optimization'의 약자로, 검색 결과가 상위에 나타나도록 정보를 최적화하는 네이버에서 공식적으로 제시하는 기준입니다.

네이버 쇼핑 검색 랭킹 구성 요소

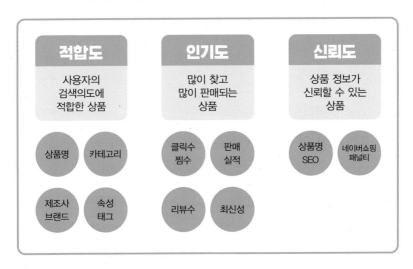

검색 랭킹 구성 요소는 크게 적합도, 인기도, 신뢰도 등 세 가지로 구분됩니다. 이 세 가지 요소를 바탕으로 제휴사가 제공하는 상품 정보와 네이버에서 수집하는 각종 쇼핑 데이터와 검색 사용자 로그를 종

합적으로 평가해서, 검색어 및 사용자 요구에 맞게 재구성해 검색 결과가 만들어집니다.

네이버에서는 검색 결과의 품질을 높이고 사용자에게 다양한 검색 결과를 제공하기 위한 별도의 검색 알고리즘을 반영하기도 합니다. 검색 결과가 홍보 수단으로 활용되면서 특정 상품을 노출시키려는 악의적인 시도가 있을 수 있는데, 이런 어뷰즈 행위(비정상적인 접속으로 방문자를 급증하게 하거나, 특정 글을 여러 번 스크랩하는 등의 행위)는 네이버에서 적극적으로 차단하고 있습니다. 다만 어뷰즈 판정 기준이 알려질 경우, 이를 우회한 새로운 어뷰즈 공격이 생길 것을 우려해, 네이버는 어뷰즈 필터링 결과를 외부에 공개하지 않고 있습니다.

그러면 쇼핑 검색 랭킹 구성 요소인 적합도, 인기도, 신뢰도에 대해 좀 더 구체적으로 알아보겠습니다.

① 적합도

이용자가 입력한 검색어가 상품명, 카테고리, 제조사/브랜드, 속성/태그 등 상품 정보의 어떤 필드와 연관도가 높은지, 검색어와 관련해서 어떤 카테고리의 선호도가 높은지 산출해서 적합도로 반영됩니다.

(1) 필드 연관도

만약 검색어가 '나이키'인 경우에는 '나이키'는 브랜드 유형으로 인식되어 상품명에 '나이키'가 기입되어 있는 것보다 브랜드에 '나이키'가

매칭되어 있는 것이 우선으로 노출됩니다.

(2) 카테고리 선호도

'블라우스' 검색어를 입력할 경우, 여러 카테고리의 상품이 검색됩니다. 하지만 무엇보다 '패션의류 〉 여성의류 〉 블라우스' 카테고리의 선호도가 훨씬 더 높습니다. 검색 알고리즘은 해당 카테고리의 상품을 먼저 보여줄 수 있게 추가 점수를 주게 됩니다.

네이버에서 제공한 기준을 스마트플레이스의 적합도(관련도 or 연관도)에 적용해보면, 상호명, 업종 카테고리, 대표 키워드, 네이버 채널 연결 등으로 볼 수 있습니다.

② 인기도

해당 상품이 가지는 클릭 수, 판매 실적, 구매평 수, 찜 수, 최신성 등의 고유한 요소를 카테고리 특성을 고려해 인기도로 반영합니다. 인기도는 카테고리별로 다르게 구성되어 사용됩니다.

(1) 클릭 수

최근 7일 동안 쇼핑 검색에서 발생한 상품 클릭 수를 지수화한 것입니다.

(2) 판매 실적

최근 2일, 7일, 30일 동안 쇼핑 검색에서 발생한 판매 수량과 판매 금액을 지수화한 것입니다. 스마트스토어의 판매 실적, 리뷰 수는 네이버페이를 통해 자동 연동되고 있는데, 만약 부정 거래가 있을 경우, 페널티가 부여됩니다.

(3) 구매평 수

개별 상품의 리뷰 수를 카테고리별 상대적으로 환산해서 지수화합니다.

(4) 찜 수

개별 상품의 찜 수를 카테고리별 상대적으로 환산해서 지수화합니다.

(5) 최신성

상품의 쇼핑DB 등록일을 기준으로 상대적 지수화하고 신상품을 한시적으로 노출 유도합니다.

네이버에서 제공한 기준을 스마트플레이스의 인기도에 적용해보면, 플레이스 유입수, 통화 건수, 예약건수, 스마트 주문, 블로그 리뷰, 예약 리뷰, 영수증 리뷰 등으로 볼 수 있습니다.

③ 신뢰도

네이버쇼핑 패널티, 상품명 SEO 등의 요소를 통해 해당 상품이 이용자에게 신뢰를 줄 수 있는지 산출해서 신뢰도로 반영합니다.

(1) 네이버 쇼핑 패널티

구매평과 판매 실적 어뷰징, 상품 정보 어뷰징 등에 대한 상품과 몰 단위 패널티를 부여합니다.

(2) 상품명 SEO 스코어

상품명 가이드라인을 벗어난 상품에 대해서 패널티를 부여합니다.

네이버에서 제공한 기준을 스마트플레이스의 신뢰도에 적용해보면, 리뷰 평점, 플레이스 패널티, 어뷰징 등으로 볼 수 있습니다.

추천 시청 유튜브 영상
〈검색되지 않으면 존재하지 않는 것이다. 검색되어야 매출이 오른다.〉

고객의 리뷰는
플레이스의 생명이다

고객이 키워드를 입력해 검색을 시작하면 네이버가 그에 맞는 정보를 제공해주는 형태로 검색이 완료됩니다. 고객은 자신이 능동적인 검색 행위로 정보를 찾는다고 생각하지만, 실제는 수동적인 형태로 고객에게 전달되는 것입니다.

그런데 고객이 주체가 되어서 플레이스를 평가할 때는 위치가 180도 달라집니다. 고객은 자신이 방문한 맛집, 병원 등에 대해 솔직하게 평을 남깁니다. 그것을 바로 '리뷰'라고 합니다.

종종 인터넷에 떠도는 맛집과 고객 사이의 분쟁은 리뷰에서 파생되는 경우가 많습니다. 누가 옳고 그르건 간에 그만큼 고객이 남긴 리뷰는 막강한 힘을 가집니다. 사업주 입장에서는 불평불만만 늘어놓는 '블랙컨슈머' 때문에 골치가 아프기도 합니다. 하지만 반대로 좋은 평을 남기는 고객들 덕분에 매출 상승의 이득을 보기도 합니다. 결국, 고객의 리뷰는 '양날의 검'인 셈입니다.

신규 고객은 리뷰를 보고 유입된다

고객은 의외로 단순합니다. 플레이스 정보가 다소 빈약하더라도 리뷰가 많고 좋은 평이 많으면 그 가게를 찾아갈 가능성이 커집니다. 오래된 노포의 경우가 그렇습니다. 특별히 플레이스 관리를 하지 않는데도 불구하고 신규 고객의 유입이 꾸준합니다. 물론 기존의 단골 고객의 재방문도 많고요. 그게 가능한 이유는 바로 '입소문' 때문입니다. 리뷰가 많은 플레이스를 우리는 흔히 '인지도'가 높은 집이라고 평가합니다.

사람 심리는 다 비슷합니다. 맛있는 집에 가서 밥을 먹기를 원하고, 인기가 좋은 병원에서 진료를 받기를 희망합니다. 다른 사람들이 이미 경험한 것을 우리는 '안전하다'라고 느낍니다. 다른 고객들이 이미 좋은 맛집, 훌륭한 병원이라고 엄지를 치켜든 곳이라면 꼭 방문해보고 싶은 욕구가 생깁니다. TV에 나온 맛집이 방영된 다음부터는 줄을 길게 서야 겨우 먹을 수 있을 정도로 문전성시를 이루는 데는 그만한 이유가 다 있는 것입니다.

온라인에서 입소문은 바로 리뷰를 통해 검증됩니다. 만족도가 높은 리뷰 글이 많은 플레이스라면 신규 유입 고객은 한 번 더 플레이스를 검토할 것입니다. '무엇 때문에 이 집은 평이 좋은 거지?', '와, 생각보다 블로그 리뷰 글이 많네? 나도 한번 찾아가 볼까?' 이렇게 의식의 흐름

이 이어지는 거죠. 이번에는 대구의 한정식집 방문자 리뷰를 살펴볼까
요?

다른 항목보다 유독 '음식이 맛있어
요'라는 항목에 점수가 몰려 있네요.

이렇듯 신규 고객은 방문자 리뷰를 보고 상황을 유추할 수 있습니
다. 신규 고객은 음식 맛이 좋다고 평가받은 집이니 맛을 기대하게 되
고, 좀 더 궁금해져 상세 리뷰를 검색해볼 것입니다.

추천 시청 유튜브 영상
〈네이버 스마트플레이스 리뷰 실험〉

좀 더 생생한 현장감 있는 리뷰 글을 보실 수 있죠?

이 음식점을 방문했던 적이 있는 기존 고객이 리뷰를 남기면, 신규 고객은 그 리뷰 글을 보고 플레이스를 방문할지, 말지를 결정합니다.

리뷰를 끌어내려면 고객과 눈높이를 맞춰라

가게나 업체를 방문한 모든 고객이 리뷰를 남기는 것은 아닙니다. 리뷰를 남기는 고객은 크게 두 가지 유형입니다. 방문한 플레이스라면 리뷰를 남기는 게 습관인 고객과 어떤 특별한 인상을 받아 리뷰를 남겨야겠다고 결심한 고객입니다. 후자에서 특별한 인상이란, 플레이스에서 감동을 받은 경우와 반대로 기분 나쁜 경험을 한 경우로 또 나뉩니다.

습관적으로 리뷰를 많이 남기는 고객은 리뷰 횟수를 보고 알 수 있습니다. 그들은 나름 '프로 리뷰어'입니다. 일종의 고객 평가단처럼 맛집을 찾아다니며 플레이스에 대한 평을 남깁니다. 많이 다녀본 고객들이기 때문에 플레이스를 평가할 때도 냉정합니다. 가격 대비 괜찮은 서비스인지, 음식의 맛은 괜찮은지, 직원과 대표의 친절도는 높은지, 플레이스의 위치는 찾기가 쉬운지, 주차장은 불편하지 않게 조성되어 있는지 등을 면밀하게 따져 리뷰를 올립니다.

감동요소를 얻었거나 불만이 생겨서 리뷰를 남기는 고객도 비슷하게 작동합니다. 다만 감동을 한 사안에 대해서 유독 칭찬을 하거나 자기만의 개인적인 소감을 상세히 남기기도 하죠. 불만사항이라면 좀 더 골치가 아파집니다. 음식이 늦게 나왔다든지, 맛이 없다든지, 가격에 비해 음식이 형편없었다든지 등 좀 더 개인적인 불만 사항들을 더 표출하게 됩니다.

신규 유입된 고객은 이런 리뷰 글을 보고 정말 개인적인 소수의 견해인지, 다수의 의견인지를 판가름합니다. 어떻게 판가름할 수 있을까요? 대체적인 리뷰 글을 쭉 읽다 보면 대세는 읽히기 마련입니다. 고객의 눈높이에서 가격 대비 음식이 맛이 없다면, 그런 평가가 주를 이룰 것입니다. 반대로 음식값은 싼데 음식의 양이 푸짐하고 맛도 좋다면 플레이스를 칭찬하는 리뷰들이 계속 올라올 것입니다.

사업주는 고객의 입장에서 자신의 플레이스 리뷰를 살펴볼 줄 알아야 합니다. 고객의 불만사항이 무엇인지를 살피고 개선점을 찾아야 합니다. 주차장이 불편하다는 리뷰가 주를 이룬다면, 인근에 주차장을 마련하는 방안을 검토하는 등 자구책을 고심해야 합니다. 음식값에 비해 양이 적다는 의견이 많다면, 음식량을 늘리거나 메뉴 선정을 전면적으로 재검토해야 합니다. 그래야 매출에 타격을 입지 않습니다.

리뷰를 남긴 고객에게 아무리 바빠도 일일이 댓글을 달며 응대하는 사업주는 인상이 좋을 수밖에 없습니다. 그것도 웃는 말투, 친절한 말씨로 대응한다면 고객의 평가는 더욱 좋게 올라가겠죠. 개선점을 제시하는 고객에게는 개선하도록 노력해보겠다는 댓글을 남기고, 칭찬한 고객에게는 감사하다는 인사를 잊지 않는 사업주는 잘될 수밖에 없습니다.

리뷰를 남기는 고객은 절대 한가해서 남기는 게 아닙니다. 글 한 문장을 쓰는 것도 다 시간입니다. 귀한 시간을 내서 리뷰를 남기는 고객의 마음을 헤아리는 사업주가 된다면, 그 무엇을 하더라도 성공하는 사업주가 될 것입니다.

리뷰 하나에도 성실하게 답변을 남기는 플레이스는 사람이 몰릴 수밖에 없겠죠?

'플레이스 광고'로
매출 승부 보기!

　'네이버 스마트플레이스'를 활용하는 사업주라면 '플레이스 광고'도 활용할 수 있습니다. 플레이스 광고는 플레이스 검색으로 유입된 고객에게 '내 가게를 알릴 수 있는 마케팅 도구'입니다. 좀 더 쉽게 설명을 해보겠습니다. 우리가 플레이스 검색을 할 때 주로 어떤 형태로 검색을 시도한다고 했을까요? 플레이스 검색은 주로 '지역명+업종'의 형태로 이뤄진다고 앞서 말씀드렸습니다. '의정부 참치', '의정부 한방병원', '양주 대형카페', 이런 식으로 말이죠.

추천 시청 유튜브 영상
〈네이버 플레이스 광고 설정과 상위노출〉

'의정부 참치'를 검색하면 이런 화면이 나옵니다.

'의정부 참치'를 검색했더니 의정부의 참치 식당 정보가 검색됩니다. 그런데 어떤 가게 업체명 옆에는 '광고i'라는 표시가 뜨고 있네요? 다른 업체와의 차별성을 살피기 위해 비교해보겠습니다.

'광고' 표시가 있는 업체와 아닌 업체의 차이가 보이시나요?

자, '광고i'를 클릭해서 들어가 보겠습니다.

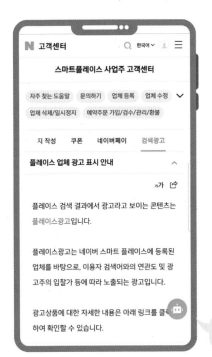

플레이스 광고 안내문이 뜨네요!

플레이스 광고는 '네이버 플레이스'에 등록된 업체가 잠재 고객이 검색을 시도했을 때 온라인에서 노출되는 광고를 말합니다. 플레이스 광고를 집행한 업체는 제일 위 상단에 노출되는 방식으로 광고가 이뤄집니다. 검색 노출은 연관도가 높은 키워드를 기반으로 노출됩니다.

'플레이스 광고'가 가능한 업종은?

'네이버 플레이스'에 등록된 업체라면 플레이스 광고에 참여할 수 있습니다. 음식점, 학원, 병의원 등 다양한 업종이 광고를 활용할 수가 있죠.

음식점 플레이스 광고의 예입니다.

카페 플레이스 광고의 예입니다.

병원 플레이스 광고의 예입니다.

　　그런데 플레이스 광고가 불가능한 업종도 있습니다. 주유소, 편의
점 업종과 경마장, 도박장과 같은 사행성 업종, 유흥업소와 같은 성인
관련 업종은 광고 등록이 아예 안 됩니다. 당연히 네이버에 노출되는
경우도 없고요. 네이버는 이들 업종의 특성을 고려해 광고 제공이 적
절하지 않다는 판단을 내려 광고 불가라는 지침을 두고 있습니다.

플레이스 광고 노출 키워드를 잘 선별하라!

플레이스 광고는 키워드 매칭 시스템입니다. 예를 들어 '역삼동 맛집'이라고 키워드 검색을 했다면, 역삼동에 있는 광고 등록한 맛집만 검색이 됩니다. 문래동에 있는 맛집이 역삼동 맛집으로 검색될 일은 없겠죠. 그런데 네이버는 이 과정을 자동으로 매칭합니다. 사업주가 별도로 키워드를 등록하지 않아도 업체의 정보를 활용해 네이버가 자동으로 검색 노출을 합니다.

역삼동 맛집, 역삼동 브런치, 역삼동 브런치 맛집, 역삼역 맛집 등 네이버는 사업주가 '네이버 스마트플레이스'에 등록한 키워드 매칭으로 자동으로 검색 노출을 합니다. 그런데 사업주 입장에서 노출하고 싶지 않은 키워드가 발생할 수도 있습니다.

예를 들면, '브런치 맛집'처럼 카테고리의 범위가 너무 넓어 고객의 유입 효과가 떨어지는 키워드는 노출에서 제외할 수 있습니다. 또 예전에는 주력 상품이었지만, 메뉴에서 빠졌거나 해서 키워드에 변화가 생길 수 있습니다. 이때도 해당 키워드를 제외해 노출시킬 수 있습니다.

자동 매칭 키워드가 정해지면 이를 통해 입찰가가 반영됩니다. 매칭된 모든 키워드에 입찰가 100원을 적용해 광고를 진행합니다. 입찰가가 정해지면 광고주가 입찰한 금액이 반영되어 순위가 결정됩니다. 참여 광고 수, 광고 노출 지면에 따라 광고 노출 방식과 과금액이 다를 수 있습니다.

플레이스 광고의 과금방식은 광고를 클릭했을 때만 과금되는 CPC(Cost per Click) 방식입니다. 즉, 광고가 검색에서 노출되는 것만으로는 과금이 되지 않고, 고객이 클릭해서 나의 플레이스로 이동하거나 전화, 예약 등을 시도했을 경우에만 과금됩니다.

플레이스 광고에 관심 있는 사업주는 '네이버 광고'를 클릭해 좀 더 자세한 내용을 살펴보시길 바랍니다.

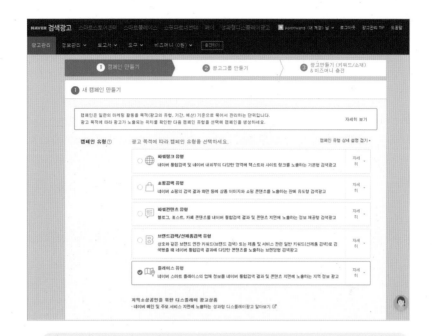

네이버 검색광고의 광고관리에 들어가서 플레이스 유형을 눌러서 살펴봅니다.

고객을 끌어들이는
이벤트 효과

음식점을 하는 사업주라면 음식 맛에서 승부를 보겠다는 뚝심이 있습니다. 고객도 맛을 내는 데 정성을 다하는 음식점을 신뢰하죠. 그런데 요즘은 맛집이 너무도 많습니다. 여기도 맛집, 저기도 맛집이죠. 회사 근처에 있는 치킨집만 해도 엄청납니다. 경쟁이 치열한 요식업계에서 살아남으려면 단순히 맛으로 승부를 보기에는 뭔가 부족합니다.

병원도 마찬가지입니다. 오피스 상권에는 다양한 병의원들이 밀집해 있습니다. 여기도 안과, 저기도 안과, 이쪽 편에도 피부과, 저쪽 편에도 피부과가 있죠. 고객은 고르는 즐거움이 있다고 하지만, 사업주 입장에서는 입술이 바짝바짝 타들어갑니다. 가뜩이나 포화상태인데 새로운 경쟁업체가 오늘 또 들어선다면, 설 자리는 점점 좁아질 수밖에 없습니다.

경쟁에서 우위를 점하기 위해 사업주들은 고심합니다. '어떻게 해야 고객들을 더 끌어모을 수 있지?', '무슨 수로 우리 가게를 더 알릴 수가 있을까?' 특별한 광고 없이도 알아서 고객이 찾아오는 유명한 플레이스라면 상관이 없겠지만, 매일 경쟁해야 하는 업종이라면 사업주의 고민은 더욱 깊어집니다.

그럴 때 요긴하게 활용할 수 있는 것이 바로 이벤트입니다. 고객은 같은 고깃집이라면 기왕이면 이벤트를 해서 가격 할인 적용을 받거나 사은품, 쿠폰을 받을 수 있는 곳을 선호하기 마련입니다. 장사가 잘되는 매장일수록 이런 이벤트를 적극적으로 활용할 줄 압니다. 다양한 이벤트 상품을 내걸어서 고객의 시선을 붙잡아 기어이 매장을 방문하게 합니다.

이벤트로 광고도 하고 매출도 올리기!

강남역 근처에 근무하는 김 팀장은 저녁으로 고깃집 회식을 하기로 팀원들과 결정했습니다. 그런데 '강남역 고깃집'으로 플레이스 검색을 하니 정말 많은 고깃집 정보가 쏟아집니다. 김 팀장은 어디로 가야 할지 고민에 빠집니다. 기왕이면 가성비 좋고 할인율 좋은 고깃집을 찾는 중입니다. 그런데 한 고깃집에서 실시하는 이벤트가 딱 눈에 띄네요?

> 다양한 이벤트를 진행하는 곱창집이어서 김 팀장은 흡족하게 회식 자리를 정합니다.

　이벤트를 자세히 보기 위해 김 팀장은 클릭해서 들어가 살펴봅니다. '인스타그램에 방문한 곱창 매장 리뷰를 올리고 이달의 리뷰에 선정되면 3만 원 상당의 식사권 받기' 등이 눈에 들어옵니다. 김 팀장은 업체가 제시한 이벤트에 흥미가 생깁니다. 결국, 이곳으로 예약을 잡고 방문합니다. 김 팀장과 팀원들은 이곳에서 맛있게 저녁을 먹으며, 이벤트에 대한 소소한 기대감을 갖고 즐거운 시간을 보냅니다.

다른 고깃집에서 진행하는 이벤트도 살펴볼까요? 상세 클릭해서 들어가면 보다 자세한 이벤트 내용을 확인할 수 있습니다.

　김 팀장이 경험한 이벤트는 광고와 동일한 효과를 가져옵니다. 기발하고 재미있는 이벤트를 만들어 고객에게 혜택을 주면, 고객은 다른 사람들에게 즐거웠던 경험을 공유합니다. "나 여기 방문했더니 이런 이벤트에 당첨된 적 있어", "고기 서비스로 더 받았지 뭐야~" 하면서 입소문을 냅니다.

한 키즈카페의 이벤트 창입니다. 회원 한정, 특별 이벤트라는 문구로 시선을 사로잡고 있네요.

음식점만 이벤트가 있는 것은 아닙니다. 업종별로 다양한 이벤트는 기획하기 나름입니다. 키즈카페의 예를 살펴볼까요? 위에 제시된 키즈카페는 3~4월 프로모션을 알리며 회원이 누릴 수 있는 혜택과 새 학기 특별 이벤트, 포인트 추가적립 등에 대한 이벤트 안내를 상세히 하고 있습니다. 키즈카페 회원인 엄마와 아이라면 '알림 받기'를 통해 이미 이런 소식을 인지하고 있을 것입니다. 키즈카페 사장님은 한 번의 이벤트 알림으로 수십, 수백 명의 회원에게 동시에 이벤트 소식을 알릴 수가 있습니다.

잘 만든 이벤트는 고객의 지속적인 관심을 끌어낼 수 있습니다. 물론 신규 고객의 유입에도 큰 작용을 할 수 있죠. 매일 반복되는 지루한 일상에서 이벤트는 사업주 입장에서도, 고객의 입장에서도 단비와 같은 소식이 됩니다.

'네이버 플레이스'에 이벤트를 공지하는 것만으로도 고객이 몰려들고 매출이 상승하며 덤으로 잠재고객 유입 광고 효과까지 보는 셈입니다. 이벤트 없이 밋밋한 운영을 하는 것보다 조금만 더 기획력 있는 아이디어를 내보는 것은 어떨까요? 고객은 즐거워서 좋고, 사업주는 매출이 늘어나서 좋을 것입니다. 누이 좋고 매부 좋은 이벤트, 놓치지 말고 꼭 실행해보시길 바랍니다.

플레이스 쿠폰도 적극적으로 활용하자

쿠폰을 싫어하는 사람이 있을까요? 쿠폰은 주는 사람도, 받는 사람도 기분 좋은 선물이 됩니다. '네이버 스마트플레이스'는 사업주가 증정 쿠폰을 발행해서 고객에게 혜택을 주는 시스템이 있습니다. 쿠폰의 종류는 단순한 금액 할인 적용 쿠폰부터 서비스를 추가로 더 받을 수 있는 쿠폰을 준다든지, 사은품을 증정하는 쿠폰 등 업종별로 다양하게 실행되고 있습니다.

이 업체는 알림받기를 해주신 고객님들께 쿠폰을 증정해주는 이벤트를 하고 있습니다.

업종별 쿠폰 발행의 예시

- 헤어, 네일, 태닝, 왁싱 등 뷰티 업종 : 홈케어 제품, 팩 또는 스케일링 등 추가 서비스 증정
- 필라테스, 체육관, 골프연습장 등 스포츠 업종 : 레슨 체험, 체형 분석, 사물함 이용, 운동복 증정
- 스터디카페 : 시간별 체험권 및 이용권 증정
- 세차장 : 타르 및 철분 제거, 실내 살균 소독, 차량용 방향제 및 왁스 증정
- 핸드폰 판매, 수리업체 : 액정필름, 케이스, 필름 무료 교체 서비스 증정

- 사진관 : 추가 인화, 원본 파일 제공, 액자 증정
- 운세, 법무, 컨설팅업체 : 일정 시간 상담 서비스 증정
- 펜션, 텐트 대여 업체 : 그릴/숯, 불멍, 손 소독 티슈 등 증정

(출처 : 네이버 스마트플레이스 공지)

업종별로 증정받을 수 있는 이런 다양한 쿠폰은 고객들의 흥미를 돋우고 매장을 찾아오게 만듭니다. 쿠폰 하나 받은 것으로 가격 면에서나 서비스 면에서 엄청난 이득을 얻은 것 같은 느낌을 주기 때문이죠. 사업주는 큰 부담 없는 선에서 쿠폰을 발행해 매출 증대를 도모할 수 있습니다.

쿠폰 발행은 지속적인 관리가 필요한 영역인데, 고객이 매장을 방문해 쿠폰을 사용할 때는 직원의 확인 코드 인증 절차가 필요합니다. 미리 설정한 확인 코드를 입력하면, 고객이 소지한 쿠폰이 사용 완료 상태가 됩니다. 쿠폰을 눈으로만 대충 확인하고 사용 완료 처리를 하지 않으면, 고객이 다음 방문 시에 재사용이 가능할 수 있습니다. 따라서 사업주는 아무리 바빠도 직접 쿠폰을 확인하거나 직원을 통해 사용 완료 처리를 꼭 하셔야 합니다.

고객이 사용하고자 하는 쿠폰을
확인해주세요.
(방문해 쿠폰 사용 시에만 해당)

미리 설정한 확인코드를
확인해주세요.

쿠폰이 사용되었습니다!

    쿠폰 발행도 일종의 이벤트와 같습니다. 5월에는 어린이날, 어버이날 기념 쿠폰, 9월에는 추석맞이 할인 쿠폰을 발행했다면 10월에는 개천절, 한글날, 핼러윈 쿠폰을 발행해 고객의 시선을 사로잡을 수 있습니다. 계절별, 행사별로 다양하게 쿠폰 이벤트를 실행해 매출 증대를 위한 가게 홍보를 해보시길 바랍니다.

추천 시청 유튜브 영상
〈우리 가게 홍보 더 쉽게, 플레이스 쿠폰〉

소상공인을 우대하는
네이버 스마트플레이스

'네이버 스마트플레이스'는 내 가게, 내 업체를 관리하기 쉽게 만들어진 도구입니다. 관리비용을 많이 쓸 수 없는 소상공인에게 최적화된 관리 도구 체계라고 볼 수 있죠.

네이버 스마트플레이스 화면입니다.

우리 가게 소개, 영업 시간, 가격, 메뉴 사진, 리뷰 등을 보고 더 많은 사람들이 플레이스를 찾아올 수 있도록 정보를 제공합니다. '네이버 스마트플레이스'로 관리하는 업체와 관리하지 않은 업체의 차이는 큽니다. 정보를 다양하게 제공하는 업체는 고객 유입이 쉽고, 정보가 거의 없는 업체는 경쟁에서 도태될 수밖에 없습니다.

관리하지 않는 업체와 '네이버 스마트플레이스'로 관리하는 업체의 확연한 차이가 보이시나요?

네이버는 '네이버 스마트플레이스'와 연계된 네이버 예약, 네이버 주문, 네이버 톡톡 등을 서비스하면서 소상공인, 자영업자의 성장을 돕고 있습니다. 이 모든 것은 '네이버 스마트플레이스'를 적극적으로 활용할 줄 알아야만 함께 이용할 수 있습니다.

네이버 스마트플레이스가 소상공인에게 특히 좋은 점

① 정보를 간편하게 입력하는 것으로 내 가게를 관리할 수 있다

혼자 많은 것을 다 해내야 하는 소상공인은 항상 바쁩니다. 몸이 열 개라고 해도 모자랄 지경이죠. 가게 문도 아침 일찍 열어야 하고, 재료 준비도 해야 하고, 손님도 맞이하고, 청소도 하고, 배달 업무 처리까지 해야 합니다. 그렇게 밤늦게까지 일하다 보면 휴식시간은 꿈도 꾸지 못할 정도로 녹초가 되곤 하죠. '네이버 스마트플레이스'는 이런 소상공인 자영업자들의 고충을 알고, 간단한 정보 입력만으로 매장을 손쉽게 관리할 수 있도록 했습니다.

때때로 바뀌는 영업시간 수정도 쉽게 할 수 있고, 오늘 급히 휴무를 해야 한다면 휴무 공지를 올릴 수도 있습니다. 새로운 메뉴 개발을 한다면 사진을 올려 메뉴를 알릴 수도 있고요. 사업주는 간단히 이미지를 올리고 정보를 수정, 입력하는 것만으로 매장의 모든 소식을 고객에게 전달할 수 있습니다.

② 고객의 유입량을 통계로 확인할 수 있다

'네이버 스마트플레이스'를 활용하면, 소상공인은 우리 업체의 페이지를 고객들이 얼마나 많이 방문했는지 그 양을 가늠할 수 있습니다. 어떤 검색어가 인기 있는지, 리뷰는 어떤 내용이 많이 달리는지 정리된 통계로 확인할 수가 있죠. 스마트콜, 예약, 주문 서비스 연결 시에도 관련 통계가 제공됩니다. 소상공인은 변화에 민감하게 대처해야 하지만, 혼자 모든 것을 하다 보면 그 변화를 미처 깨닫지 못할 때가 많습

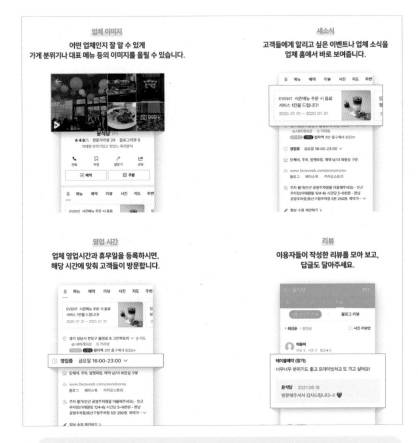

네이버 스마트플레이스에서 설명해주는 스마트플레이스의 내용입니다.

니다. 그럴 때 '네이버 스마트플레이스'가 제공하는 통계 서비스를 활용한다면 우리 가게, 업체의 문제점이 보이면서 동시에 개선해나가야 할 방향이 보일 것입니다. 한 주간의 통계를 요약한 '주간 리포트'를 참고해 매출 증대에 도움을 받으시길 바랍니다.

주간 리포트를 통해 고객의 유입량을 살펴볼 수 있습니다.

우리 가게에 도움이 되는 네이버 플레이스 솔루션

'네이버 스마트플레이스'는 네이버가 제공하는 다양한 도구들과 연계되어 소상공인에게 최적화된 서비스를 제공합니다. 사업주는 나에게 필요한 도구를 선별해 우리 가게에 접목해 간편하게 활용할 수 있습니다.

① 온라인으로 예약 받기 - 네이버 예약

예약, 결제까지 실시간으로 관리할 수 있는 시스템입니다. 일일이 전화를 받으며 예약을 받는 번거로움 없이 고객은 네이버에서 제공하는 예약 툴로 간편하게 예약할 수 있어서 좋고, 사업주는 예약 일정표만 확인하면 되기 때문에 업무에 집중할 수 있어 좋습니다.

② 온라인으로 주문 받기 - 네이버 주문

최근 키오스크가 사라지고, 네이버 주문 시스템이 확장하는 추세입니다. 그만큼 키오스크 주문보다 간편한 시스템이 네이버 주문입니다. 고객이 직접 주문부터 결제까지 한 번에 해결하면서 매장의 회전율이 올라갑니다. 매장을 방문한 고객은 테이블에 있는 QR코드를 찍어 앱으로 주문하면 원하는 서비스를 바로 받을 수 있습니다. 사업주 입장에서는 주문을 응대하는 직원을 따로 뽑지 않아도 되어 비용 절감이 됩니다.

③ 온라인으로 상품 팔기 - 스마트스토어

온라인으로 상품을 팔고 싶은 소상공인에게 네이버가 제공하는 온라인 쇼핑몰 서비스입니다. 결제는 네이버페이, 고객 상담은 네이버 톡톡 등을 활용해 네이버가 제공하는 모든 서비스를 활용할 수 있습니다.

④ 지역 광고 하기 – 네이버 지역소상공인광고

네이버 콘텐츠 서비스를 이용하는 지역 사용자에게 노출되는 배너 광고로, '네이버 스마트플레이스'에 등록한 업체 정보를 바탕으로 쉽고 편리하게 광고를 만들 수 있습니다. 정보가 노출된 횟수만큼 광고비를 지출하는 형태라서 광고비 부담도 덜합니다.

오프라인 매장을 지역에 알리고 싶은 사업주라면 관심을 가져볼 만합니다. 가게의 오픈 소식, 이벤트 내용, 신규 메뉴 등을 알리고 싶을 때, 지역 주변의 잠재 고객에게 광고를 노출해 매장 홍보를 도모하고 매장 방문까지 유도할 수 있습니다.

지역소상공인광고 홈페이지입니다. 지역 광고에 관심 있는 사업주라면 꼭 둘러보시길 바랍니다.

⑤ 우리 가게 전화 대신 받아주기 - 스마트콜

스마트콜은 사업주가 바빠서, 또는 부재중일 경우 고객에게 걸려오는 전화를 놓치지 않고 받을 수 있는 전용 가상번호 서비스입니다. 즉, 네이버에서 제공하는 '사업자 전용 무료 전화번호'로, 0507로 시작하는 고유의 전화번호를 통해 고객을 내 업체의 전화번호로 연결해주는 서비스입니다.

스마트콜에 대한 설명

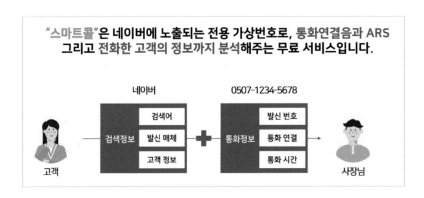

출처 : 네이버 스마트플레이스 블로그

스마트콜을 통해 전화가 수신되면 사업주는 다음과 같은 사항을 알 수 있습니다.

1. 고객이 어떤 매체를 통해 전화를 걸었는지 파악
2. 전화를 받았는지, 아니면 못 받았는지의 수신 여부

3. 통화 시간 등의 통화 정보

4. 단순 문의는 자동으로 답변할 수 있는 ARS 기능 활용

5. 부재중 전화를 확인하고 콜백할 수 있도록 발신 번호 확인

6. 스마트콜 수신 전화의 통계 정보

    스마트콜을 신청하는 방법은 간단합니다. '네이버 스마트플레이스'
에 업체 등록을 마쳤다면, 업체 정보 〉 스마트콜 신청(연결)하기 버튼 클
릭만으로 쉽고 간단하게 스마트콜이 발급 가능합니다.

스마트콜을 신청하는 방법입니다.

'네이버 스마트플레이스'에 업체 등록을 마쳤다면, 업체 정보 > 스마트콜 사용(연결)하기 버튼을 클릭합니다.

스마트콜 사용 신청 약관에 동의하면 완료입니다.

⑥ 메신저로 고객과 소통하기 – 네이버 톡톡

별도의 친구 추가 없이도 고객과 메신저로 소통할 수 있는 네이버 톡톡은 비대면 문화가 확산되면서 더욱 유용하게 쓰이는 서비스입니다. PC, 스마트폰 어디서나 우리 매장을 궁금해하는 고객과 간편한 상담이 가능합니다.

⑦ 블로그 새 소식 연결하기 – 네이버 블로그

온라인으로 더 많은 내용을 고객과 소통하고 싶은 사업주라면 내가 운영하는 블로그를 '네이버 스마트플레이스'와 연결해 '새 소식'으로 알림 설정을 할 수 있습니다. 블로그에 상세히 기재된 이벤트 소식, 갑작스러운 휴무 소식 등을 고객이 클릭해 들어가서 볼 수 있도록 연동하는 것으로, 고객은 더욱 상세한 내용을 알 수 있어 매장에 대한 친근감을 높일 수 있는 효과가 있습니다.

내가 운영하는 블로그와 플레이스를 연결하는 방법은 간단합니다. 내 업체 페이지에 로그인해서 들어가면 '블로그 연결하기'가 보입니다. 이 부분을 선택해 블로그 주소를 연결하면 우리 가게 블로그와 플레이스를 연결할 수 있습니다.

내가 운영하는 블로그를 플레이스와 연결해 새 소식으로 알림 설정을 할 수 있습니다.

> 블로그, 스마트스토어 등과 플레이스를 연결합니다.

블로그 주소를 입력하면 연결 완료입니다. 이렇게 한 번만 연결해 놓으면 내 블로그에 등록한 글이 내 업체 페이지에도 자동으로 노출됩니다. 즉, 내 업체의 새로운 소식을 여기저기 작성할 수고가 덜어지는 것입니다. 사업주 입장에서는 간편해서 좋고, 고객은 매장이 돌아가는 내용을 자세히 알 수 있어서 좋습니다. 잠재 고객에게 우리 매장을 알리는 용도뿐만 아니라 내 블로그까지 알릴 수 있으니 꼭 연동해서 활용해보시길 바랍니다.

고객 유입과 구매 전환율을 늘리는 스마트플레이스 솔루션

내 가게, 내 플레이스 고객 유입과 구매 전환을 늘릴 수 있는 스마트플레이스 솔루션(운영 도구)을 사용해보는 것도 좋은 방법입니다.

성균관대학교 경영대학 김지영 교수연구실에서 발표한 〈스마트플레이스 솔루션의 오프라인 사업자 지원효과〉 보고서에 의하면, 음식점의 경우 솔루션을 하나 이상 사용한 오프라인 사업자의 평균 고객 유입 수가 미사용 사업자 대비 1.5배 높았으며, 미용실의 경우 증가 효과는 평균 12.9배에 달하는 것으로 확인되었습니다.

또한, 스마트플레이스 솔루션 이용에 따른 매출 증대 효과는 음식점 약 3배, 미용실 약 31배로 확인되었고, 스마트플레이스를 이용하는 모든 음식점 및 미용실 사업자가 솔루션을 하나 이상 사용하게 될 경우 연간 총 3.3조 원 규모의 경제적 가치가 창출되는 것으로 나타났습니다.

스마트플레이스 솔루션 사용의 고객 유입·전환 향상 효과

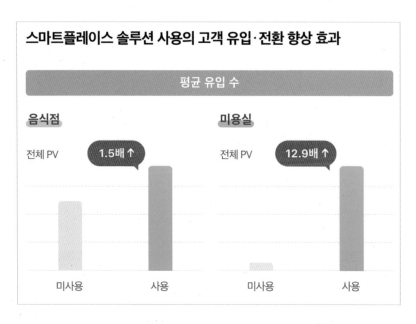

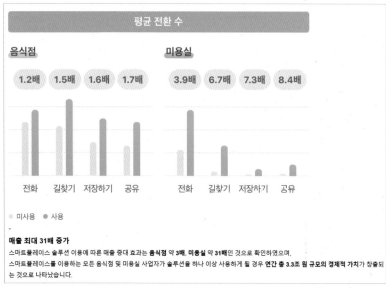

매출 최대 31배 증가
스마트플레이스 솔루션 이용에 따른 매출 증대 효과는 **음식점 약 3배, 미용실 약 31배**인 것으로 확인하였으며,
스마트플레이스를 이용하는 모든 음식점 및 미용실 사업자가 솔루션을 하나 이상 사용하게 될 경우 **연간 총 3.3조 원 규모의 경제적 가치**가 창출되는 것으로 나타났습니다.

출처 : 네이버 스마트플레이스 공지사항

네이버 스마트플레이스 활용법

'네이버 스마트플레이스'를 활용하면 매장 운영에 큰 도움이 되는
것은 두말할 필요가 없습니다. 하지만 어떻게 활용하느냐에 따라 매
출은 어마어마한 차이가 생길 수 있겠죠. 그렇다면 어떻게 적극적으로
활용할 수 있는지 살펴보겠습니다. 우선 '의정축산'의 스마트플레이스
메인 화면을 보실까요?

'의정축산'의 스마트플레이스 메인 화면입니다.

'네이버 스마트플레이스'를 이용하는 업주의 관리 화면인데, 여기서 많은 정보를 얻어서 활용할 수 있습니다. 매장을 효과적으로 운영하려면, 때마다 업데이트되는 정보를 즉각 변경해야 합니다. 업체의 기본 정보뿐만 아니라 휴무일, 영업 시간, 가격 정보도 마찬가지입니다. 그래야 매장을 찾아오는 손님들에게 혼선을 일으키지 않고, 신뢰도에도 문제가 생기지 않습니다.

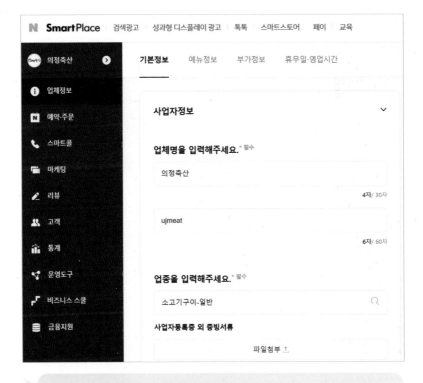

네이버 스마트플레이스의 업체 정보 화면입니다.

업체 정보 밑에 예약을 보면, 네이버 예약 정보를 볼 수 있는 항목이 있습니다. 업주는 여기서 홍보 문구, 상세 설명, 업체 이미지 사진 등을 쉽게 교체할 수 있습니다. '예약서비스 미리보기'를 통해 예약 화면이 고객에게 어떻게 보이는지 미리 확인할 수 있습니다. 항상 정보를 수정하고 업데이트하기 전에 미리 보기 습관을 들여 확인하는 것이 중요합니다.

네이버 스마트플레이스의 '예약서비스 미리보기' 화면입니다.

스마트콜 정보를 활용하면 마케팅에도 큰 도움이 됩니다. 고객이

걸려온 전화가 어느 요일에 많은지, 월초에 많은지, 월말에 많은지를
일목요연하게 알 수 있습니다.

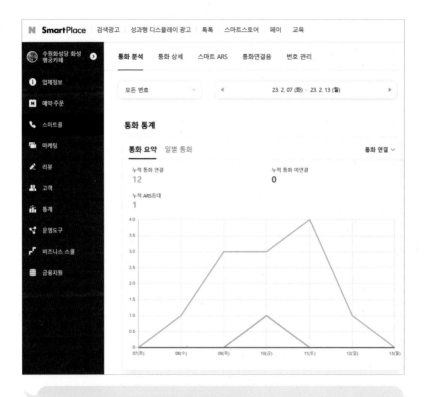

네이버 스마트플레이스의 통화 통계 화면입니다.

스마트플레이스 마케팅 항목에 들어가 어떤 마케팅을 활용할 수 있
는지도 수시로 들어가 점검합니다. 네이버에서 제공하는 마케팅 도구
에 대해 그냥 알아두지만 말고, 우리 매장에 적용하는 노력을 해봅시
다. 그냥 알고 있는 것과 실행하는 것의 차이는 상당하다는 점을 명심
하세요.

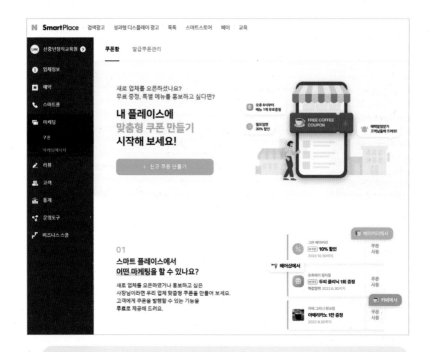

네이버 스마트플레이스의 쿠폰함 화면입니다.

　리뷰 항목을 들어가면 고객이 남긴 리뷰를 바로 살펴볼 수 있습니다. 고객이 방문한 날과 고객이 남긴 글을 보고, 매장 운영에 적극적으로 반영할 수 있습니다.

　고객 항목에 들어가면 고객의 연락처가 보입니다. VIP 고객에게 따로 마케팅 문자를 송신할 수도 있고, 어떤 고객들이 충성 고객인지도 확인할 수 있기 때문에 매장 운영에 큰 도움이 됩니다.

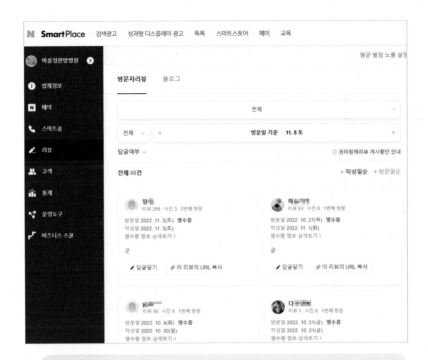

네이버 스마트플레이스의 방문자 리뷰 화면입니다.

네이버 스마트플레이스의 스마트콜 화면입니다.

통계 항목에 들어가면, 매장의 전체 운영 통계를 확인할 수 있습니다. 플레이스 방문을 몇 번 했는지, 리뷰 등록 횟수, 스마트콜 통화 횟수 등을 보기 쉽게 살필 수 있습니다.

네이버 스마트플레이스의 통계 화면입니다.

운영도구 항목은 앞서 설명한 내용을 한 번에 점검할 수 있는 곳입니다. 우리 매장이 어떤 항목들을 이용하고 있는지, 바로 들어가기를 통해 점검하고 수정할 수 있습니다.

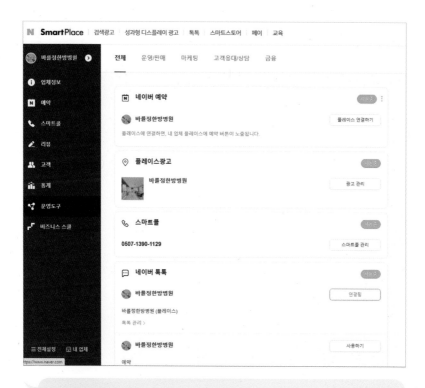

네이버 스마트플레이스의 운영도구 화면입니다.

스마트플레이스를 운영하다 보면 궁금하신 점이 생길 텐데요. 그럴 때는 네이버에서 제공하는 고객센터를 활용해보시는 것을 추천해드립니다.

추천 시청 유튜브 영상
〈네이버 스마트플레이스 통계를 활용하는 핵심원리와 방법〉

스마트플레이스 사업주 고객센터

스마트플레이스 사업주의 궁금한 점을 검색해 보세요.   Q

자주 찾는 도움말   문의하기   업체 등록   업체 수정   업체 삭제/일시정지   예약주문 가입/검수/관리/환불   예약주문 제작   주인/운영자 변경

리뷰 관리   업체 검색 노출   예약주문 노출   운영도구/마케팅   통계/분석   브랜드 관리   스마트플레이스 앱   이용자 제보   장애/오류

업체 신규등록 방법

사업자등록증 인식이 실패한 경우

업체 정보 등록 질문 유형 안내

업체 정보 수정 질문 유형 안내

플레이스 리뷰 질문 유형 안내

네이버 스마트플레이스 사업주 고객센터 화면입니다.

ARS 전화 상담 고객센터 : 1599-0309(유료)

– 운영시간 : 09:00 ~ 18:00(설,추석 연휴 휴무)

– ARS 연결시

1번 : 지도에 노출되는 업체 정보

2번 : 네이버 예약/주문

3번 : 스마트플레이스 앱 이용 방법 및 장애/오류 안내

추천 시청 유튜브 영상
〈네이버 스마트플레이스 사업주 고객센터〉

제3장

더 많은 고객을 내 가게로!
- 네이버 '예약, 주문, 톡톡, 광고'

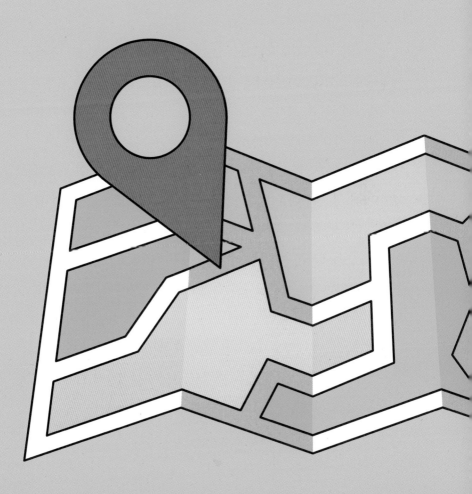

네이버 예약
마스터하기

음식점을 예약제로 운영하는 곳은 늘 골머리를 앓습니다. 전화로 예약을 받으면 일일이 예약이 안 된 시간을 눈으로 확인해서 고객에게 안내를 해야 하죠. 고객은 고객대로 어떤 시간, 요일에 예약이 가능한지 업체와 시간 조율을 해야 합니다.

"토요일에 예약을 5명 하고 싶은데요", "고객님, 이번 주 토요일은 예약이 꽉 찼는데 다른 날로 안내해드릴까요?", "네? 그럼 어떤 날이 예약이 가능한데요?", "잠깐만요, 고객님! 확인해보겠습니다!" 이런 식이죠. 예약 응대하는 사업주나 직원은 장부에 기록하고 확인하느라 피곤하고, 예약하려는 고객도 원하는 날짜에 쉽게 예약을 할 수 없어 서로 지치는 상황이 자주 연출됩니다.

그런데 네이버 예약을 이용하면 이런 문제가 단번에 해소됩니다. 고객은 '네이버 스마트플레이스'의 예약을 클릭해 간편하게 원하는 시간대에 예약할 수 있습니다. 사업주는 고객이 예약한 현황을 보고, 고객을 맞이할 준비에 전념하면 됩니다. 서로 예약이 안 된 시간을 조율하는 수고 없이 편리하게 예약을 실행할 수 있습니다.

PC 화면에서 보이는 네이버 예약 화면입니다.

네이버 예약은 PC나 스마트폰과 같은 모바일에서 간편하게 클릭만으로 실행할 수 있습니다. 대체로 모바일 예약이 많지만, 직장에서는 PC를 통해서도 예약을 많이 합니다. 그럼 고객은 네이버 예약을 어떤 과정으로 하는지 살펴볼까요?

모바일 화면에서 보이는 네이버 예약 화면입니다.

컴퓨터에서 예약 등록하면, 고객은 모바일에서 편하게 예약할 수 있습니다.

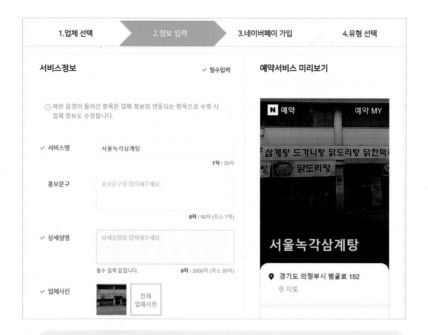

네이버 예약 등록하기 화면입니다.

먼저 원하는 요일을 골라 예약이 가능한 시간대를 확인합니다. 예약 선택이 가능한 시간대는 녹색 칸으로, 예약이 불가능한 시간대는 흰색 칸으로 남아 있습니다.

네이버 예약 화면입니다.

원하는 요일과 시간대를 선택한 후에 예약 항목을 체크합니다. '도수치료 50분'을 예약 신청했는데, 병원에서 '예약 확정'을 해주면 예약이 최종 완료됩니다.

예약 신청하는 화면입니다.

다시 한번 예약 시간을 확인하고 '예약 신청하기'를 클릭하면 예약이 완료됩니다. 어떤가요? 참 쉽고 편리하죠?

사업주의 손을 덜어주는 편리한 네이버 예약

네이버 예약은 음식점뿐만 아니라 병의원, 미용실, 네일샵 등 다양한 업종에서 현재 활성화되고 있습니다. 많은 소상공인, 자영업자가 네이버 예약을 통해 간편한 예약시스템을 구축하고 있죠. 네이버 예약을 사용하면 편리함 외에도 많은 이점이 있습니다. 어떤 것들이 있는지 확인해볼까요?

① 무료로 사용할 수 있다

네이버 예약은 무료로 사용할 수 있는 시스템입니다. '네이버 스마트플레이스'로 네이버 예약을 연동하기만 하면 별도의 비용 추가 없이 이용할 수가 있죠. 만약 네이버 예약을 구비하지 않는다면 사업주는 예약 응대를 해야 할 직원을 따로 두거나 사업주 자신이 바쁜 시간을 쪼개 일일이 전화 응대를 해야 합니다. 음식을 만들다가 예약 전화를 받고, 또 서빙을 하다가 걸려오는 전화를 받느라 정신이 없습니다. 예약에 소모되는 시간은 결국 돈과 직결됩니다. 네이버 예약은 사업주의 비용을 절감해 그 비용을 다른 데 쓸 수 있도록 도와줍니다.

② 예약 버튼 노출로 고객과 만날 기회가 확대된다

플레이스를 검색한 고객은 화면에 '예약'이 노출된 플레이스를 만나면 별다른 망설임 없이 버튼을 누를 확률이 더 높아집니다. 단골이면 단골이라서 편리하고, 신규 고객이어도 부담 없이 예약을 진행할 수 있어 편리합니다. 직접 전화를 걸어 예약하는 경우는 업체가 통화 중이거나 부재중일 수 있지만, 네이버 예약은 그럴 염려가 없습니다.

③ 휴무일, 심야 시간에도 예약을 받을 수 있다

네이버 예약을 설정하면 사업주는 가게가 휴무인 날도, 영업이 끝나고 집에서 쉬는 심야 시간에도 고객의 예약을 받을 수 있습니다. 고객은 다음 날 영업 시간이 재개되기를 기다리지 않고도 아무 때나 예약을 잡을 수 있어 편리합니다. 사업주는 24시간 쉴 새 없이 예약을 잡을 수 있는 네이버 예약 덕분에 고객을 놓치지 않고 붙잡아둘 수 있어 매출 증대에 효과를 볼 수 있습니다.

④ 원하는 방법으로 예약 관리할 수 있다

컴퓨터로 매번 접속하지 않아도 문자, 전화, 이메일 중 원하는 방법으로 고객의 예약을 확인할 수 있습니다. 번거로운 절차를 간소화한 네이버 예약은 사업주의 일의 능률을 높여줍니다.

네이버 예약 설정하기

네이버 예약은 어떻게 가입하고 관리할 수 있을까요? 먼저 설정하는 절차부터 알아보겠습니다.

네이버 예약 주문 관리 화면입니다.

'네이버 스마트플레이스' 홈페이지 화면에 들어가면 하단에 '예약 주문 관리'가 있습니다. 거기를 클릭하면 네이버 로그인 화면이 나오고 회원 가입 절차가 나옵니다. 조항에 모두 동의하면 다음 화면이 나옵니다.

네이버 예약 사용하기 버튼을 누릅니다.

네이버 예약의 정보 입력란에 서비스명, 홍보 문구, 상세 설명을 빠짐없이 입력합니다.

정보 입력이 끝나면 유형 선택에서 날짜만 선택해서 예약을 진행할지, 시간까지 선택해서 예약을 진행할지를 결정합니다. 네이버 주문도 함께 사용하고 있다면 시간까지 선택해서 예약하기를 누릅니다.

예약 운영시간을 설정합니다.

예약을 30분당 몇 명을 받을지를 정합니다. 그다음에 예약 운영 시간을 설정합니다. 매일 할지, 평일, 주말을 다르게 설정할지, 요일별로 설정할지를 결정합니다.

예약 운영시간을 설정합니다.

매장 휴무일을 지정하고 완료 버튼을 누릅니다.

완료되었습니다!

등록된 업체를 확인하면 '상세소개'에서 예약 시 서비스 상품이나 이벤트 내용 등을 알려주고 '부가정보'에서 매장의 시설과 서비스를 체크한 뒤, 관리자 연락처, 사업자등록증 첨부 등을 해서 예약 템플릿을 완성합니다. 그러면 네이버 예약 설정이 완료됩니다.

네이버페이로 예약에서 결제까지 한 번에!

인터넷을 사용하는 한국인이라면 아마도 네이버 아이디 하나쯤은 다 가지고 있을 것입니다. 그만큼 폭넓은 시장성을 가지고 있기 때문

에 '네이버 플레이스'도 성공할 수 있었죠. 플레이스 검색을 시도한 고객은 이미 네이버 아이디가 있기 때문에 예약까지 한 번에 일사천리로 진행할 수 있습니다.

네이버페이까지 연동되어 있다면? 고객은 검색도 하고 예약도 하고 결제까지 해결하는 1석 3조의 편리함을 누릴 수가

음식점을 검색하면 네이버페이 결제가 가능한 식당이 있고, 아닌 식당이 있음을 확인할 수 있습니다.

있습니다. 또 노쇼가 줄어들어 괜한 수고를 하거나 예약 파기로 다른 고객을 못 받는 불상사가 발생하지 않습니다.

행여 예약을 취소하더라도 네이버에서 설정한 예약 취소 위약금과 패널티가 적용되기에 취소, 환불을 요구하는 고객과 분쟁할 필요가 없습니다. 이렇게 깔끔한 마무리가 가능한 이유는 네이버의 예약시스템과 결제시스템이 연동되어 있기 때문입니다. 네이버 예약에서 네이버페이로 결제가 이뤄질 경우, 사업자가 부담하는 네이버페이 수수료는 일종의 신용카드 수수료와 비슷한 개념입니다.

~~~~~~~~~~~~~~~~~~~

예약/주문에 연동한 네이버페이 정산 및 수수료 안내

네이버 예약만 사용하는 경우 별도 수수료 없이 무료로 이용이 가능하나, 네이버페이를 연동해 결제를 받는다면 이용자의 결제 금액이 업체로 정산될 때, 네이버페이 예약주문관리 수수료가 부과됩니다.

정산

네이버페이로 결제한 예약 건의 경우, 예약에서 이용 완료 처리가 되면 네이버페이에서 바로 구매확정이 이뤄집니다.

- 예약 자동 이용 완료(자동 구매확정)

이용종료일 기준 D+1일 오전 9시 이후에 자동 이용 완료 처리됩니다.

이용 완료(구매확정) 처리 시 각 PG사에 구매확정 여부가 전달되며,

이용 완료(구매확정) 날짜를 기준으로 영업일 기준 1일 후 사업자에게 정산됩니다.

결제 금액은 이용 완료 전에 미리 정산받을 수 없고, 자세한 정산 내역(매출 내역)은 네이버페이센터에서 확인하실 수 있습니다.

 〈네이버페이센터〉

네이버페이센터에 가입하면 네이버페이 관련 FAQ, 톡톡 상담, 1:1 문의, 원격 지원 등 제반 서비스를 받을 수 있습니다.

 〈네이버페이 정산 계좌 FAQ〉

수수료

2022년 1월 31일부터 적용되는 금융위원회의 카드 수수료 인하 정책 취지에 공감해 영세·중소 사업자의 부담을 덜고자 네이버페이 예약 주문관리 수수료도 인하했습니다. 인하된 수수료율은 2022년 1월 31일 결제 완료 건부터 적용됩니다.

네이버페이 예약주문 관리 수수료는 일반 예약 상품과 네이버 주문/매장방문 결제 상품에 차이가 있으니 다음의 표를 확인하세요(부가세 별도).

1. 일반 예약 상품 (부가세 별도)

업체 구분	인하 전 수수료	인하 후 수수료
일반	2.9%	2.90%(인하 대상 아님)
중소 3	2.8%	2.75%
중소 2	2.6%	2.50%
중소 1	2.5%	2.35%
영세	2.0%	1.80%

2. 네이버 주문(예약 유형 : 일반형) / 매장방문 결제(예약 유형 : 뷰티형) (부가세 별도)

업체 구분	인하 전 수수료	인하 후 수수료
일반	2.9%	2.90%(인하 대상 아님)
중소 3	1.8%	1.75%
중소 2	1.6%	1.50%
중소 1	1.5%	1.35%
영세	1.0%	0.80%

- 네이버 예약 및 주문 시 제공하는 페이 결제 수단은 카드(신용, 체크), 계좌이체, 무통장입금(나중에 결제), 네이버페이 포인트입니다. 단, 네이버 주문과 매장방문 결제는 무통장입금(나중에 결제)을 제공하지 않습니다.
- 결제 수단별로 달랐던 수수료율이 업체 구분에 따른 수수료율로 변경되었습니다(2021년 7월 31일 결제 건부터 적용됩니다).
- 해외 결제의 경우 별도 해외 제휴 서비스에 가입한 경우만 해당합니다.

운영하는 업체의 매출에 따라 일반, 중소 1·2·3, 영세 등급으로 구분 됩니다.

매출 규모 확인은 국세청에서, 등급 산정 기준은 여신금융협회에서 확인할 수 있습니다.

본 정책은 국내 개인 사업자 및 법인 사업자 대상으로, 해외 사업자 혹은 개인은 시행 대상에서 제외되며 전년도 매출이 없는 신생 사업자의 경우도 감면 혜택을 받을 수 없습니다.

2019년부터 '네이버 테이블 주문' 서비스를 시작으로, 온라인 말고도 오프라인에서도 네이버페이 사용이 가능해졌습니다. 네이버 테이블 주문은 일반적인 네이버페이와 동일하게 적립 포인트, 등록된 카드, 등록된 계좌를 사용할 수 있게 했죠. 현재는 '네이버 주문'으로 명칭이 변경되어 사용되고 있습니다.

네이버 주문으로 행복한
1인 사장님

코로나 이후 비대면 문화의 확산은 많은 변화를 불러일으켰습니다. 일단 구인난이 가속화되어 자영업자들은 구인난에 시달리고 있죠. 왜 그럴까요? 청년 지원금, 배달맨 등의 증가로 자영업에서 일할 청년들이 사라졌기 때문입니다. 물론 청년 인구의 감소도 한몫할 테고요.

어쨌든 소상공인 사업주들은 울며 겨자 먹기로 가족 경영을 하거나 1인 체제로 운영하는 것을 선택하고 있습니다. 시급을 아무리 올려준다고 한들 일할 사람이 찾아오지 않으니 자구책을 꺼내든 것입니다.

상황이 급변하면 비어 있는 자리를 기술이 대체하게 되어 있습니다. 1인 사장님의 바쁜 손을 덜어주기 위해 네이버는 '네이버 주문'이라는 서비스를 더욱 확대하기로 합니다.

혼자 음식 준비하랴, 서빙하랴, 재료 손질하랴, 바빴던 사장님들은 쌍수를 들고 환영하기 시작했습니다. 주문하느라 동선이 자꾸 꼬이는 키오스크보다 테이블마다 설치된 QR코드로 앱으로 음식 주문과 결제까지 가능한 네이버 주문은 너무나 간편하고 합리적이기 때문이죠.

아날로그 방식인 메뉴판이 사라지고, 동선이 꼬였던 계산대 앞 키오스크도 설 자리를 잃으면서 그 자리를 네이버 주문이 대체하고 있습니다. 최근에는 24시간 편의점처럼 무인점포도 늘고 있는 추세입니다.

네이버는 모바일 신분증을 주문, 결제 시스템에 도입해서 네이버 앱안에 설치된 모바일 신분증으로 가게 출입을 하고, 네이버페이로 결제까지 완료할 수 있도록 한 발짝 나아가고 있습니다. 현재 전국 이마트 24시간 편의점, 정육점, 반찬가게 등 약 1,000여 곳이 넘는 가게가 네이버 신분증을 활용하고 있죠.

든든한 네이버 주문으로 사장님은 일에만 집중!

네이버 주문은 음식점, 카페, 호프집 등의 업종에 특화되어 제공되는 서비스입니다. 매장 이용을 위해 테이블에 앉은 고객, 또는 포장을 위한 고객을 위해 간편한 주문관리 시스템을 제공합니다.

네이버 주문은 네이버에서 2019년 9월 26일에 '테이블 주문'이란 명칭으로 시작했습니다. 음식점 테이블에 QR코드를 부착해놓으면 고객이 QR코드를 찍어 폰에서 메뉴를 확인하고 주문, 결제까지 한 번에 끝낼 수 있는 시스템입니다.

네이버 주문 홈페이지 화면입니다.

    음식점을 경영하는 사업주는 손님이 몰리는 바쁜 시간대에 일일이 고객을 찾아다니며 주문을 받지 않아도 되어 시간과 인건비 절약을 할 수 있고, 고객은 자기 순서를 기다리지 않고 바로바로 주문할 수 있어 편리합니다. 또한, 직원의 눈치를 받지 않고 여유 있게 메뉴를 고를 수 있는 점이 매력적입니다.

    네이버 주문은 오프라인 매장에서만 편리한 게 아닙니다. 온라인에서도 최근 각광받고 있죠. 스마트폰으로 네이버 주문을 검색해보겠습니다. 그러면 내가 현재 있는 곳을 중심으로 네이버 주문이 가능한 매장과 상품이 스마트폰 화면에 뜹니다.

내가 현재 위치한 곳에서 네이버 주문
이 가능한 매장을 알려줍니다.

　플레이스의 위치 기반 서비스를 중심으로 고객은 네이버 주문이 가
능한 매장과 상품을 바로 검색할 수 있습니다. 현재 위치에서 '가까운
순' 또는 '주문 많은 순'으로 검색할 수 있고, '포장주문'이 가능한 매장
인지, 아닌지도 식별할 수 있습니다. 또한, '주문 혜택'이 있는 매장을
확인할 수 있습니다.

고객은 검색된 정보를 보고 주문을 하고 싶은 상품을 선별해 주문하고 결제합니다.

앞에서 볼 수 있듯, 고객은 매장과 자신이 위치한 거리 정보를 알 수 있습니다. 또 주문 건수와 리뷰 건수도 확인해 다른 고객들이 얼마나 이용했는지를 한눈에 알아볼 수 있습니다. 네이버 주문도 메뉴 사진과 함께 가격 정보가 동시에 보임으로써 고객의 선택을 간편하게 합니다.

네이버 주문으로 신규 고객을 확보하자!

사업주의 고민은 '신규 고객을 어떻게 하면 더 많이 확보해서 매출 상승을 일으킬 수 있을까?'입니다. 네이버 주문을 '네이버 스마트플레이스'에 접목하는 것만으로 신규 고객 유입이 더욱 수월해질 수 있습니다.

모바일로 한 도시락업체를 검색합니다. 네이버 주문이 가능하다고 표기되어 있네요.

네이버 주문이 가능한 플레이스는 '주문'란이 생성되어 있습니다. 어떤 도시락을 주문할지 클릭해봅니다.

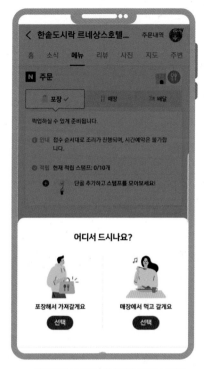

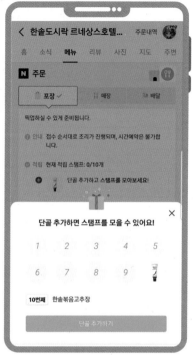

포장해서 갈 것인지, 매장에서 먹
고 갈 것인지 선택할 수 있습니다.

단골 추가하기 버튼이 나옵니다.

　자, 그랬더니 '단골 추가하기'가 나오면서 스탬프를 찍을 수 있는 화
면이 나옵니다. 열 번째 스탬프를 찍으면 고추장을 제공받을 수 있다
는 정보와 함께 말이죠. 그냥 포장 주문만 하려고 했던 고객은 기분이
좋아져서 단골을 하기로 마음먹습니다. 도시락업체 점주는 신규 고객
한 명을 단골로 만들게 된 것이죠.

　이처럼 네이버 주문은 다양한 이벤트, 사은품 증정을 함께 연계하
면서 신규 고객 유입을 원활하게 만듭니다. 주문도 대신 받아주고 단

골 고객까지 확보해주니 1인 사장님 입장에서는 일 잘하는 직원을 여러 명 둔 것과 같은 기분이 들겠죠?

불경기 속 구인난은 기술의 새로운 면모를 선보이고 있습니다. 이러한 '테크 서비스'는 앞으로도 점차 확산될 전망입니다. 일손 구하기 힘든 현장에서 일손을 덜어주는 네이버 주문은 계속 성장세를 탈 것입니다. 지금 현재 구인난으로 허덕이는 사업주라면 한시라도 빨리 네이버 주문 시스템을 도입해보세요. 무거웠던 어깨가 한결 가벼워지는 것을 느끼실 수 있을 것입니다.

네이버 주문을 이용하는 음식점에 필요한 네이버 주문 키트를 무료로 보내드린다고 하네요. 관심 있는 사장님이라면 고고!

출처 : 네이버 주문 홈페이지

비대면 시대의
새로운 키워드, 네이버 톡톡

코로나19로 비대면 문화가 확산되면서 문의사항, 불만 접수 등의 고객 상담 방식에도 큰 변화가 생겼습니다. 과거에는 전화로 직원 또는 사업주가 직접 응대하며 고객의 문의를 해결했다면, 최근에는 전화 응대도 큰 폭으로 줄어들면서 많은 기업과 자영업자들이 채팅을 선호하게 되었습니다.

네이버 톡톡은 고객과의 비즈니스 소통을 원활하게 하기 위한 채팅 서비스입니다. 별도의 친구 추가 없이, 앱 다운로드 필요 없이 네이버 아이디 하나로 고객은 업체와 바로 대화를 시작할 수 있습니다.

예전의 모습을 떠올려볼까요? 물건을 구매한 후, 언제 도착하나 싶어 전화 상담원 연결을 시도합니다. 하지만 상담이 밀려 상담원 연결이 좀처럼 쉽지 않습니다. 1분이 지나고 10분이 지나도 ARS 안내로 조금 더 기다리라는 말만 반복될 뿐입니다. 결국, 기다리다 지쳐 전화를 끊고 다시 상담원 연결을 시도합니다. 그런데 이번에도 역시 상담원 연결은 하늘의 별 따기입니다.

누구나 한 번쯤 그런 경험을 해봤을 것입니다. 막상 상담원 연결이 되어도 정작 물어봐야 할 내용을 잊어버리고 전화를 끊는다든지, 주변이 시끄러우면 전달할 내용이나 전달받을 내용을 원활하게 주고받을 수 없게 됩니다.

채팅 서비스인 네이버 톡톡은 이런 문제를 단번에 해결해줍니다. 고객이 원하는 시간에 쉽고 빠르게, 궁금한 내용을 채팅창에 입력만 하는 것으로 상대 업체와 소통을 할 수 있습니다. PC와 모바일 웹 화면에서도 언제든 가능하기 때문에 고객은 더 이상 기다릴 필요가 없습니다.

사업주 입장에서는 어떨까요? 일단 고객과 직접 통화해야 하는 부담감이 확 줄어듭니다. 어떤 고객은 다짜고짜 화부터 낼 수 있습니다. 조곤조곤 불만사항을 말하면 되는데 목소리부터 크게 지르는 사람들이 있죠. 상담원은 그래서 감정노동자라 불릴 정도로 고역인 직업입니다. 전화 응대를 할 직원이 따로 있다면 모르지만, 사업주가 직접 전화를 받아야 하는 경우도 있습니다. 이것저것 해결할 일이 산더미인데 쉽게 전화를 끊지 않는 고객 때문에 많은 시간을 허비할 수도 있죠.

이런저런 문제를 개선한 것이 바로 네이버 톡톡입니다. 고객은 편리한 시간대에 물어보고 싶은 내용을 솔직하게 물어볼 수 있어서 좋고, 사업주는 얼굴 붉힐 일 없이 고객 응대를 채팅으로 할 수 있어 좋습니다. 물론 직원을 쓰지 않아도 되니 비용 절감 효과도 있겠죠.

네이버 톡톡 홈페이지 화면입니다.

동탄 북광장에 위치한 뉴욕삼합 플레이스에서 '문의'를 클릭해볼까요?

바로 네이버 톡톡 서비스로 연결됩니다.

네이버 톡톡은 '네이버 플레이스'와 연동되며 무료로 사용할 수 있으며, 별도의 앱을 설치하지 않아도 사용할 수 있다는 것이 가장 큰 장점이죠. 고객은 네이버 회원으로 가입만 되어 있다면 어떤 가게에든, 어떤 업체에든 자유롭게 채팅으로 문의할 수 있습니다.

새로운 소통창구, 네이버 톡톡

요즘 10대, 20대 고객은 전화 응대를 별로 안 좋아한다는 것을 알고 계시나요? 어려서부터 채팅 문화에 익숙한 세대라서 직접적인 전화를 주고받는 것을 상당히 껄끄러워 한다는 통계가 있습니다. 채팅으로는 편하게 이것저것 말하는데, 목소리를 주고받는 전화로는 막상 말문이 막히고 데면데면하거나 불편한 느낌을 받는 경우가 많다고 하네요.

그런 특징에 착안해 많은 자영업자와 기업들이 네이버 톡톡을 활용해 고객 만족 서비스를 추구하고 있습니다. 세상이 달라지면 소통 방식도 달라지는 법입니다. 코로나로 가속화된 비대면 문화도 한몫했겠지만, 네이버 톡톡의 활성화는 고객도 편리하고 사업주도 간편하다는 점에서 계속 발전할 전망입니다.

그렇다면 네이버 톡톡만이 가진 매력은 무엇일까요?

① 편리하고 빠른 상담

상품을 둘러보던 고객은 바로 네이버 톡톡을 열어 상품 문의를 할 수 있습니다. 그러면 사업주는 이 고객이 어떤 상품에 궁금증이 생겨서 문의를 했는지 바로 알 수가 있죠. 특히 스마트스토어에서는 이런 톡 문의가 즉각적으로 이뤄지기 때문에 판매자, 구매자 모두 부연설명 없이 바로 상담을 시작할 수 있습니다.

산지직송 농산물과 원데이클래스 상품을 취급하는 네이버 스마트스토어 〈대한민국청년마켓〉입니다.

톡톡 문의를 클릭합니다.

톡톡 문의를 클릭하면 채팅창이
나타납니다.

이렇듯 판매자는 구매자가 어떤 상품이 궁금해서 연락했는지 바로
알 수 있습니다. 상품을 미리 보고 가격이나 배송 정보를 사전에 다 알
고 있는 고객이 궁금한 것은 더욱 세밀한 정보일 것입니다. 판매자는
그 부분에 대해서만 채팅으로 응답해주면 됩니다. 당연히 상담 시간도
크게 줄어들 수 있겠죠.

전화를 하면 이것저것 설명해야 합니다. 고객도 피곤한 일이지만 듣
는 판매자도 고달프긴 마찬가지겠죠. 네이버 톡톡은 이렇게 사전에 불
필요한 설명을 할 시간을 확 줄여줍니다.

② 네이버의 다양한 서비스와 연동되는 시스템

네이버 톡톡은 스마트스토어뿐만 아니라 스마트플레이스, 네이버
페이, 네이버 예약, 모두, 부동산, 고시원, 그라폴리오 등 다양한 네이

버의 서비스 채널과 연동되어 상담 버튼을 노출 시킬 수가 있습니다. 네이버 톡톡 계정링크를 붙이기만 하면 어느 채널에서도 자유롭게 상담이 가능하죠. 심지어 네이버 블로그에도 네이버 톡톡을 갖다 붙일 수 있습니다.

블로그에 톡톡 버튼을 노출하는 방법
1. 톡톡파트너센터 사이트에서 계정 만들기
2. 블로그에서 '관리'에 들어가 '블로그 정보' 메뉴에서 '네이버 톡톡 연결'

③ 마케팅 수단으로도 활용

네이버 톡톡은 단순히 소통 창구로만 쓰이는 게 아닙니다. 스마트스토어를 예로 들면, 스토어 소식받기를 허용한 모든 고객에게 단체톡을 발송해 새로운 소식, 이벤트, 광고 등을 알릴 수 있습니다. 성별, 나이별, 구매 이력에 따라 전송 대상을 다르게 설정할 수 있다는 점도 큰 매력입니다.

④ 관리자 추가 기능으로 역할 분담하기

네이버 톡톡을 혼자 응대하기 어렵다면, 관리자 추가로 편리하게 고객 응대를 하실 수 있습니다. 또한, 상담 응대 시간 설정, 톡톡 알림 설정을 해서 최적화된 관리 시스템을 구축할 수 있습니다.

네이버 톡톡 만들기

고객과 편리한 소통을 위한 네이버 톡톡은 어떻게 만들까요? 우선 '네이버 톡톡 파트너센터'를 검색해 들어갑니다.

네이버에 네이버 톡톡을 검색해 파트너센터를 클릭합니다.

톡톡 파트너센터 화면의 시작하기 버튼을 클릭합니다.

순차적으로

1. 회원 가입
2. 휴대폰 인증
3. 계정 만들기(선택)

위 사항을 실행한 다음, 네이버 톡톡을 상담용으로 사용하려면 '계정 만들기'를 선택합니다. 톡톡 파트너센터 회원 가입이 완료되면, 네이버 톡톡 계정이 생성되고 검수 절차를 거쳐 바로 사용할 수 있게 됩니다. 만약 이 과정에서 의문점이 생기거나 네이버 톡톡에 대한 문의사항이 생기면, 초기 화면의 '톡톡가입 상담'을 클릭합니다. 그러면 다음과 같은 채팅창이 나타나 궁금증을 해결하는 데 도움을 받을 수 있습니다.

네이버 톡톡 파트너센터 채팅창입니다.

톡톡으로 성공하는 마케팅 기법

네이버 톡톡은 단순히 상담의 도구로 활용되는 것은 아닙니다. 앞서 말했듯이, 다양한 마케팅 도구로도 충분히 활용할 수가 있죠. 온라인 채팅이라고는 하지만 친절한 말투, 상세한 설명, 기발한 이벤트 진행으로 더 많은 고객을 유입할 수 있는 장치가 바로 네이버 톡톡입니다.

마케팅은 사업주에게 중요합니다. 마케팅을 어떻게 하느냐에 따라 그날 매출, 한 달 매출, 1년 매출이 달라집니다. 그럼, 이런 편리한 네이버 톡톡을 활용해 마케팅에서 승리하려면 어떻게 해야 할까요?

① 친절하고 상냥한 어투로 신규 고객을 단골로 확보하자

"매장에는 주로 단골 손님들이 찾아오는 편인데, 네이버 톡톡으로는 신규 고객도 꾸준히 늘고 있습니다. 이것저것 상품을 추천해서 좋고 고객들도 만족하는 눈치고요."

어느 옷가게를 운영하는 점주의 소감입니다. 오프라인 매장의 단골은 단골대로 유지하고, 톡톡으로 유입한 신규 고객은 채팅으로 소통하는 점주야말로 마케팅의 달인일 것입니다.

친절한 말투의 예시

"안녕하세요 고객님! 좀 전에 문의해주신 프릴 원피스는 사이즈가 현재 입고되지 않아서 며칠 걸리는 상품입니다. 괜찮으시다면 사이즈 입고되는 대로 바로 연락을 드려도 될까요? 아니면 다른 상품 구매를 원하시면 문의 남겨주세요. 감사합니다!"

"안녕하세요~! '강남역 푸른안과'입니다. 문의사항이 있으시면 메시지를 남겨주세요. 빠른 시간 안에 답변드리도록 하겠습니다!"

옷가게 점주의 마케팅 기법은 단순합니다. 바로 '친절하고 상냥한 어투'입니다. 아무리 채팅이라지만 단답형에 무뚝뚝한 말투를 좋아할 고객은 없습니다. 너무 이모티콘을 남발하며 저자세로 구매를 유도할 필요는 없지만, 어느 정도 다정하고 상냥한 말씨를 채팅 어법으로 장착하는 것이 매출 증대에 도움이 됩니다. 고객은 채팅을 통해 점주의 인성을 대충 파악할 수 있습니다. 인상을 좋게 받았다면 구매로 이어질 확률도 높아지겠죠.

② 응답률은 높을수록 좋다

네이버 톡톡 채팅창에 보면 '응답률'이란 게 있습니다. 고객이 문의했을 때 업체가 얼마만큼 응답하느냐를 비율로 따진 것인데, 이 또한 하나의 마케팅 기법이 될 수 있습니다. 아무래도 응답률이 '저조'한 업체보다 응답률이 100%인 업체에 신뢰가 가는 것이 인지상정입니다.

응답률 100%인 업체는 고객에게 호감도 100%를 줄 수 있습니다.

아무리 바빠도 네이버 톡톡에 문의를 남긴 고객을 너무 오래 기다리게 해서는 안 됩니다. 고객의 변심은 순간적이어서 오래 기다리게 하는 업체를 두고 다른 업체에 문의를 남기러 갈 테니까요. 바로 응답할 수 없다면, '부재중'으로 남기고 응답 가능한 시간을 명시하는 것이 좋습니다.

'부재중'으로 표기하고 상담 시간을 자세히 설명해놓은 업체가 신뢰감을 줍니다.

상담 시간은 '톡톡 파트너센터'의 '톡톡 관리'에 들어간 후, '상담 시간, 채팅 알림'으로 들어가 설정할 수 있습니다. '부재중'일 때 온 톡톡을 놓치지 않으려면 '문자 알림'을 설정하고 '에티켓 시간'을 설정해두면 지정한 시간 외에는 알림이 울리지 않도록 조치할 수 있습니다.

③ 예약부터 결제까지 톡톡으로 한 번에!

네이버 예약으로 굳이 예약하지 않아도 톡톡 대화를 나누다가 고객의 요청에 따라 바로 예약을 처리해주는 센스를 발휘하면 좋습니다. 번거롭게 네이버 예약을 다시 클릭하도록 안내하지 않아도 된다는 거죠.

> 안녕하세요! 펜션 예약을 하려고 하는데요.
> 5인으로 숲속방 예약이 가능할까요?
> 날짜는 이번 주 토요일부터 일요일까지 1박 2일로 하겠습니다.

네! 고객님! 예약 가능하십니다. 바로 예약 처리해드렸고요.
결제 완료하시면 됩니다.

결제도 톡톡 대화 중에 처리할 수 있습니다. 고객이 네이버페이를 사용하고 있다면, 주문서를 톡으로 발송 처리하는 것으로 결제를 바로 유도할 수 있습니다.

④ 톡톡 마케팅 메시지를 적극적으로 활용하자!

최근 '톡톡 파트너센터'가 개편되면서 모바일에서도 톡톡 마케팅 메시지를 전송할 수 있게 되었습니다. 톡톡 마케팅 메시지란, 네이버 톡톡으로 신규 상품 소개, 세일, 이벤트 안내 등을 할 수 있는 메시지를 말합니다.

톡톡 마케팅 메시지는 성별, 나이별, 구매 이력 등을 고려해 선별해서 마케팅 메시지를 단체전송할 수 있습니다. 톡톡으로 메시지를 받은 고객은 업체가 알려주는 정보를 보면서 구매욕이 생기면 상품을 구매합니다. 길고 장황하게 마케팅 메시지를 쓰는 것보다 짧고 간결하게 임펙트 있는 단어와 문장으로 구성하는 것이 효과적입니다.

톡톡 마케팅 메시지 보내기 화면입니다.

톡톡 마케팅 메시지를 잘 쓰려면?

1. 꼭 알리고 싶은 키워드(단어)를 조합합니다.
   ex) 봄 신상, 빅세일, 최저가, 단 3일간 할인

2. 메시지를 받은 고객이 특별대우 받고 있다는 느낌이 들게 합니다.
   ex) 알림 받기 고객 대상으로 봄 신상 업데이트 기념 세일을 진행합니다!

3. 반응이 좋았던 마케팅 메시지를 참고합니다. 다른 업체의 마케팅 메시지를 참고하는 것도 좋은 방법입니다.

4. 유튜브 섬네일, 광고문구, 카피 등 다양한 글에서 영감을 얻

습니다.

5. 짧고 간결한 문장으로 군더더기 없는 메시지를 전송합니다. 너무 긴 메시지는 받는 순간 피로해진다는 것을 유념해야 합니다.

최소 비용으로 최대 효과!
네이버 플레이스 광고하기

'순위를 올리고 싶다!', '내 가게가 1등이고 싶다!'라는 욕망은 모든 사장님의 공통분모일 것입니다. 이왕 가게를 냈는데 입소문도 나고 매출도 좋게 만들어야 하겠죠. '어떻게 하면 우리 가게를 알리지?' 이런 생각이 꼬리를 물어 머리가 복잡해지죠. 그럴 때 우리는 소위 '광고'를 생각하게 됩니다. 흔히 광고를 내려면 '돈이 많이 들겠지'라고 생각합니다. 더더군다나 상위권에 노출되는 플레이스를 만들려면 돈이 많이 든다고 겁부터 먹습니다. 하지만 시작도 하기 전에 걱정은 금물입니다.

과거, 네이버 플레이스가 없던 시절에는 광고에 투자해야만 뭐든 되는 시절이 분명 있었습니다. 하지만 지금은 다릅니다. 최소 비용으로 최대의 효과를 낼 수 있는 네이버 플레이스 광고하기가 있기 때문이죠. 플레이스를 운영하는 사장님들은 내 가게, 내 플레이스를 상위의 순위권에 노출하는 게 목적입니다. 이것저것 시도해보지만 명확하지 않고 효과도 잘 모르겠다면, 지금부터 제가 소개하는 방법을 잘 활용해보시길 바랍니다.

네이버 플레이스 광고 용어, 한 방에 정리하기

유용한 도구를 제대로 활용하려면, 활용하기 이전에 우선 그 도구를 제대로 파악하는 것이 중요합니다. 광고도 마찬가지입니다. 무턱대고 시도하는 것보다 네이버 플레이스 광고의 집행 과정, 용어부터 숙지하는 것이 필요합니다. 그렇다면 네이버 플레이스의 광고 집행 프로세스는 어떻게 구성되어 있는지 먼저 살펴볼까요? 그러면서 광고 용어들을 하나씩 이해해보도록 해보겠습니다.

사장님들은 일단 광고의 전문가가 아니기 때문에 처음 접하는 광고 용어들이 낯설게 느껴지실 것입니다. 광고 집행 경험도 없고 이제 막 관심을 갖기 시작한 사업주라면 더더욱 어렵게 느껴지시겠죠. 그런데 네이버 플레이스 광고는 생각보다 이해가 쉽습니다. 집행 단계부터 하나씩 살펴볼까요? 네이버 플레이스 광고의 집행 단계는 다음의 그림과 같습니다.

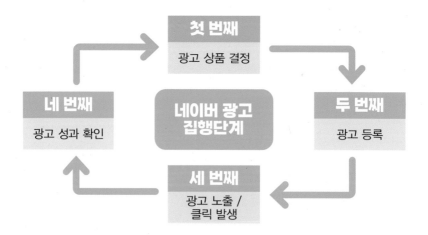

첫 번째
광고 상품 결정

네이버 광고
집행단계

두 번째
광고 등록

세 번째
광고 노출 /
클릭 발생

네 번째
광고 성과 확인

1. 광고 상품 결정

우선 첫 번째로 '광고 상품 결정' 단계가 있습니다. 광고를 집행하려면 당연히 광고 상품부터 결정해야겠죠. 네이버에는 크게 두 가지의 상품을 제공합니다. 검색한 키워드에 광고가 노출되는 '검색 광고'가 있고, 네이버 서비스 내에서 자연스럽게 노출되는 '디스플레이 광고'가 있습니다. 검색 광고는 'SA(Search AD)'라고 불리기도 하고, 디스플레이 광고는 'DA(Display AD)'라고 부르기도 합니다.

검색 광고(Search AD)

네이버 검색광고에는 세 가지 유형이 있습니다. 첫번째는 'CPC 광고'로, 광고가 노출되어도 과금이 되지 않고, 검색 이용자가 광고를 클릭했을 때만 비용이 발생하는 광고입니다. 두번째는 '사이트 검색광고'로, 파워링크라는 단독 영역에 노출되어 다양한 지면에 동시에 노출되어 더 많은 고객을 만날 수 있는 광고입니다. 마지막으로 '콘텐츠 검색

광고'는 고객이 보는 뷰 영역에 노출되어 검색 이용자에게 신뢰성 높은 정보를 제공하고 브랜딩과 전환 효과를 동시에 기대할 수 있는 광고입니다.

사이트 검색광고 (파워링크)	다양한 영역에서 동시 노출되어 더 많은 고객을 만날 수 있게 해주는 광고
쇼핑 검색광고	상품을 탐색 구매하는 검색 이용자에게 집중해서 노출 시킬 수 있는 쇼핑 특화 광고
콘텐츠 검색광고 (파워콘텐츠)	검색 이용자에게 신뢰성 있는 정보를 제공하고, 브랜딩/전환 효과를 제공하는 광고

디스플레이 광고(Display AD)

그렇다면 '디스플레이 광고'는 어떻게 분류될까요? 크게 두 가지 타입으로 나눌 수 있습니다.

첫 번째는 성과형 디스플레이 광고입니다. 이는 CPC 혹은 CPM 방식으로 광고 집행이 가능한 상품으로, CPM 방식의 경우 CPC 방식과는 다르게 광고 클릭 여부와 관계없이 사전에 원하는 광고 노출량을 정하고, 그에 따라 광고비를 산정하고 과금하는 상품이라고 보시면 됩니다. 이를 통해 다양한 타깃팅 요소를 적용할 수 있고, 검색 광고처럼 실시간 광고 운영이 가능해 광고를 효율적으로 관리할 수 있다는 특징을 갖고 있습니다. 네이버 주제판 상단이나 중간에 이미지 형태로 노출이 되고, 또 네이버 카페 밴드 게시물 중간중간에 삽입이 되어 노출되기도 합니다.

두 번째는 보장형 디스플레이 광고입니다. 보장형은 네이버 프리미엄 지면 내 안정적인 노출 보장이 가능하다는 특징이 있습니다. CPM 혹은 CPT 방식으로 광고 집행이 가능한데, 이 CPT 방식은 희망하는 노출 기간과 시간을 구매해 해당 기간과 시간 동안 광고 노출을 보장하는 상품으로 이해하시면 됩니다. 네이버를 이용하다가 많이들 보셨을 광고 형태인데, 노출 영역도 크고 주목도도 상대적으로 높습니다.

성과형 디스플레이 광고	다양한 타깃팅 전략과 실시간 광고 운영으로 광고 효율제어가 가능한 광고
보장형 디스플레이 광고	정해진 기준에 따라 네이버 모바일과 PC 내 다양한 지면에 안정적으로 노출되는 광고

2. 광고 등록하기

광고 상품을 결정했다면 그다음은 광고를 등록하는 단계에 접어듭니다. 이를 위해서는 광고 시스템에 접속을 해야 합니다. 광고 시스템은 광고 등록 운영 관리를 위해 자주 방문하게 되는 광고 플랫폼 페이지입니다. 집행하고자 하는 상품이 검색 광고인지, 디스플레이 광고인지에 따라 접속해야 하는 광고 시스템이 구분됩니다. 물론 등록해야하는 내용도 조금 차이가 있습니다. 여기서는 시스템을 이용하면서 알아야 할 기본적이고, 또 필수적인 용어에 대해 설명해드리겠습니다.

제일 먼저 '회원 가입'이라는 용어를 마주하게 되실 텐데요. 이는 광고 시스템 이용을 위한 자격을 부여하는 절차로 보시면 됩니다. 광고 시스템은 아무나 이용 가능한 것이 아니라 네이버 광고주를 위해 존재하는 사이트입니다. 그렇기 때문에 광고주 아이디가 필요합니다. 광고주 아이디는 새로 만들어도 되고, 기존에 가지고 있던 네이버 아이디를 활용해도 됩니다.

광고주 아이디를 만들었다면 이제 광고를 등록할 수 있습니다. 검색 광고와 디스플레이 광고의 유형이 다르다 보니 등록을 할 때 차이가 좀 있습니다. 검색 광고는 검색 결과 화면에 노출이 되기 때문에 광고 노출을 희망하는 키워드와 사업주님의 상품 서비스에 대한 소개 내용을 담고 있는 광고 소재를 등록해주셔야 합니다.

한편, 성과형 디스플레이 광고는 검색 결과에 노출되는 광고가 아니기 때문에 이 키워드를 등록해주실 필요는 없습니다. 광고 소재만 등록해주시면 되는데, 디스플레이 광고는 광고 소재가 이미지 배너 형태로 노출되기 때문에 광고로 노출시킬 이미지와 광고 클릭 시 연결이 되는 '랜딩(연결)' url을 입력해주시면 되지만, 검색 광고의 경우 제목, 설명, 이미지, 랜딩 url을 등록해주셔야 합니다. 그 외에도 상품별로 부가 노출이 가능한 항목이 존재하고, 또 사용 유무에 따라 추가 등록이 필요한 내용이 있지만, 제목, 설명, 이미지, 랜딩 url이 가장 기본이고 핵심임을 기억해주시면 됩니다.

등록한 광고를 노출시키기 위해서는 광고비를 결제해야 하는데요. 검색 광고에서는 비즈머니를 충전해서 광고비를 활용합니다. 반면, 성과형 디스플레이 광고에서는 충전금이라는 용어를 사용하고 있는데,

이 비즈머니와 충전금 모두 동일하게 광고비 결제 시 사용되는 용어이나 상품 유형의 차이가 있는 만큼 부르는 명칭을 구분해서 활용하고 있다는 점을 기억해주시기 바랍니다.

3. 광고 노출 수와 클릭 수

광고 등록을 마치게 되면 잘못 등록된 내용은 없는지 확인하는 검수 절차를 거쳐야 합니다. 그 이후에 특별히 문제가 될 만한 부분이 없다면 광고가 노출되고, 또 검색 이용자로부터 클릭을 받을 수 있는 기회를 얻게 됩니다.

광고가 노출된 횟수를 '노출수'라고 부르며, 노출된 광고를 검색 이용자가 클릭한 횟수를 '클릭수'라고 합니다. 여러분은 혹시 '클릭률'이라는 용어를 들어보셨나요? 이를 CTR이라고 불리기도 하는데요. 이 클릭률은 노출된 광고를 클릭한 횟수가 어느 정도 되는지를 확인하는 것으로, 클릭수를 노출수로 나눈 값입니다.

$$\text{'클릭률(\%)} = \text{클릭수/노출수} \times 100\text{'}$$

예를 들어 광고가 100번 노출되었을 때 5번 클릭이 되었다면, 클릭률은 5%가 됩니다. 클릭률이 높다는 것은 그만큼 클릭을 많이 받았다는 이야기가 되기 때문에 광고 소재의 매력이 높다고 볼 수 있습니다. 반대로 클릭률이 낮다라는 것은 클릭을 그만큼 못 받았다는 것이며, 이는 사업주님들이 광고소재를 점검해보셔야 한다는 의미로도 볼 수 있습니다.

4. 광고 성과 확인

광고가 실제로 노출이 되었고, 또 클릭이 발생하고 있음을 확인하였다면 무엇을 해야 할까요? 당연히 내 광고가 잘 성과를 내고 있는지 성과 확인을 해야 합니다. 내가 집행하고 있는 광고가 효과적으로 잘 운영이 되고 있는지, 광고비는 효율적으로 잘 관리가 되고 있는지를 확인해보셔야 합니다. 검색 광고의 광고 보고서 기준으로 설명드리도록 하겠습니다.

광고를 집행하시고 리포트를 보시면, 화면에서 보이는 것과 같이 노출수, 클릭수, 클릭률, 평균 클릭 비용, 총비용 항목에 대한 지표 확인이 가능합니다. 총비용은 광고를 통해 소진된 광고비라고 보면 됩니다. 광고비로 얼마나 소진이 되었는지 확인하고 싶다면 해당 지표를 확인하는 작업이 필요합니다.

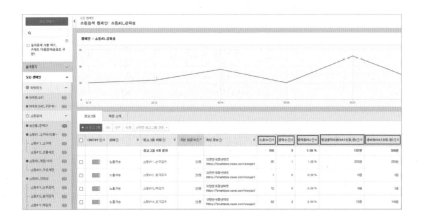

검색광고 대부분이 클릭당 과금이 되는 CPC 상품으로 구성되어 있습니다. 평균 클릭 비용은 1회 클릭했을 시 평균적으로 과금이 되었던 금액이라고 보시면 됩니다. 클릭 비용은 사업주님이 원하시는 금액으로 직접 설정이 가능합니다. 이 클릭 비용은 또한 광고비에 영향을 주는 지표이기도 한데, 예를 들어 '강화섬김치'라는 키워드에 대한 클릭당 비용을 500원으로 설정했고, 또 사업주님의 광고가 100회 클릭이 되었다면 500 곱하기 100해서 총광고비는 5만 원이 됩니다.

만약 광고비를 적게 나오게 하고 싶다면 어떻게 하면 될까요? 클릭당 비용을 낮추시면 됩니다. 다만 이 광고의 노출 순위를 결정할 때, 영향을 주는 요소가 있는데, 그중 클릭당 비용도 포함되어 있기 때문에 너무 낮은 금액을 설정하면, 광고 노출 순위도 내려갈 수 있다는 점에 유의해 관리해야 합니다.

사업주 입장에서 내가 얼마큼 광고비를 썼는지도 중요하지만, 또 궁금한 것이 얼마큼 매출이 발생했느냐입니다. 광고를 통해 얼마나 판매가 되었는지, 또 예약이 되었는지 확인을 해야겠죠. 해당 지표 확인을 위해 반드시 진행을 해주셔야 하는 부분이 있습니다. 바로 프리미엄 로그 분석 설치입니다.

프리미엄 로그 분석 설치는 광고 시스템 내에서 바로 신청 및 설치가 가능합니다. 이렇게 프리미엄 로그 분석 설치까지 완료가 되었다면, 보고서에서 다음과 같은 지표를 확인하실 수 있습니다.

먼저 '전환'이라는 용어에 대한 이해가 필요한데요. 전환은 쉽게 말해서 광고를 통해 얻은 성과라고 보시면 됩니다. 고객이 내 광고를 보

광고시스템 '도구' - '프리미엄 로그 분석'에서 신청 및 설치를 할 수 있습니다.

고 상품을 구매하며 예약을 하고 회원가입을 했다면 전환이 발생했다고 말할 수 있는데요. 전환수는 그러한 전환이 발생한 횟수를 말하는 것인데요. 전환율은 이 전환수를 클릭수로 나눈 값인데, 이 광고를 클릭하면 상품 구매 페이지나 예약 페이지로 연결이 됩니다. 이때 해당 페이지에서 전환이 발생한 비율이라고 보시면 됩니다. 예를 들어 광고 클릭이 100개 발생했고, 또 이를 통해 랜딩 페이지에 접속한 고객들로부터 전환이 50개 발생했다면 전환율은 50%가 되는 것입니다.

전환율이 높다라는 것은 그만큼 랜딩 페이지가 제작이 잘되어 있다고도 볼 수 있고, 반대로 전환율이 낮다면 고객을 이탈하게 하는 부분은 없는지 랜딩 페이지를 점검해보시는 게 좋습니다. 전환 매출액이 바로 매출을 의미한다고 보시면 되는데요. 전환 매출액은 높으면 높을수록 좋습니다.

'전환당 비용'이라는 게 있는데 이것은 뭘까요. 말 그대로 전환을 발생시키는 데 투여된 광고 비용을 의미합니다. 이를 계산하려면 그냥 광고비를 전환수로 나눠주시면 됩니다. 아까 기본 지표에서 광고비가 5만 원이 발생한 것을 확인했는데요. 이것을 전환수 50으로 나눠주면 1,000원이 나옵니다. 이게 바로 전환당 비용입니다. 전환당 비용은 낮으면 낮을수록 좋습니다. 적은 광고비로 전환을 발생시켰다고 볼 수 있기 때문입니다.

마지막으로 설명드릴 것은 '광고 수익률'입니다. 'ROAS(로아스)'라고도 불리우는데요. 내가 투자한 광고비에 대비해서 어느 정도의 매출을 올렸는지 확인하는 것으로 보시면 됩니다. 예를 들어 광고비를 5만 원 써서 25만 원의 매출을 올렸다면, 광고 수익률은 500%가 됩니다.

지금까지 네이버 광고 집행에 필요한 광고 용어들을 광고 집행 단계에 맞춰 설명드렸는데요. 지금 설명드린 이 용어들은 기본적이면서 또 필수적인 용어들이기 때문에 어느 정도 숙지된 상태로 광고 집행을 시작하시면 전체적인 프로세스를 이해하시는 데 도움이 될 거라 생각합니다. Step By Step, 단계별로 차근차근 저를 따라 해보시죠.

네이버 플레이스 광고하기

자, 이제 본격적으로 네이버 플레이스 광고를 활용하는 법을 배워보겠습니다.

```
ㄴ    네이버 광고                                    ⌨ ▾  Q

통합   VIEW   이미지   지식iN   인플루언서   동영상   쇼핑   뉴스   어학사전   지도   • • •

N searchad.naver.com
네이버 광고
광고상품안내 · 공식대행사 · 고객센터 · 직접운영안내 · 광고등록기준 · 온라인교육 · 오프라인교육
네이버 광고 소개, 사이트검색광고, 쇼핑검색광고, 콘텐츠검색광고, 브랜드검색 안내.

⬤ 블로그     ▶ 네이버TV
```

우선 네이버에서 '네이버 광고'를 검색합니다.

추천 시청 유튜브 영상
〈네이버 플레이스 광고 설정과 상위노출 방법〉

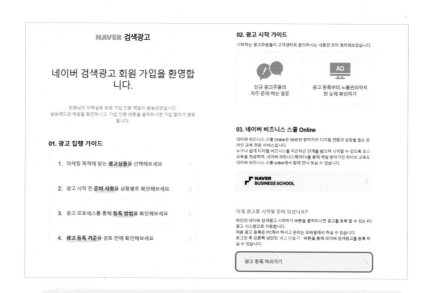

회원 가입 후 '광고 등록하러가기'를 클릭합니다.

광고를 집행하기 전에 광고 비용을 먼저 입금해놔야 하는데요. 이를 '비즈머니 충전'이라고 부릅니다.

광고에 소요될 비용, '비즈머니'를 충전해야 합니다.

화면의 '비즈머니'에서 '충전하기'를 클릭하면, '비즈머니'를 충전할
수 있는 화면으로 이동합니다.

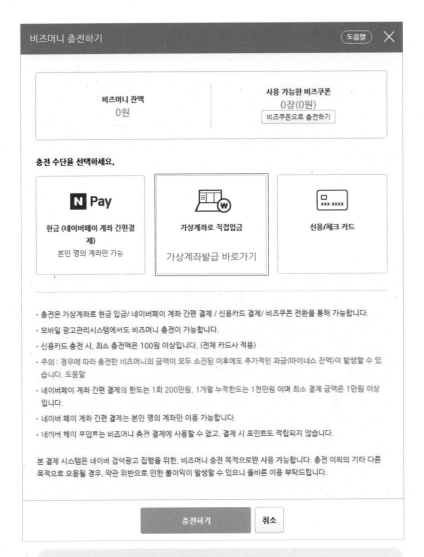

'가상계좌로 직접 입금'을 추천드립니다.

'비즈머니'를 충전하고 잠시 후 화면 고침을 하면, 충전된 금액이 비즈머니 금액으로 나타납니다.

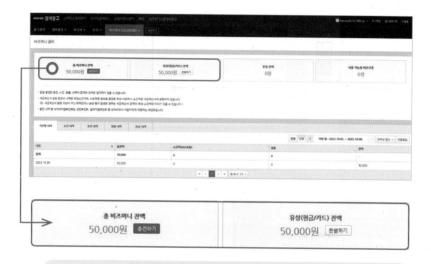

네이버 검색광고 비즈머니 충전 후 화면입니다.

비즈머니 충전을 하면 이제 광고를 집행할 수 있습니다. '네이버 검색광고' 화면 우측의 '광고 시스템'을 클릭하면, 광고를 만들고 관리할 수 있는 화면이 나옵니다.

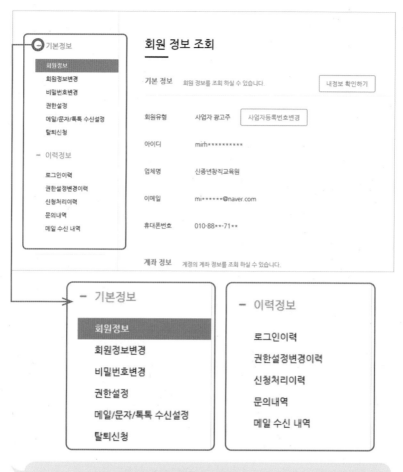

'네이버 검색 광고 시스템'에 로그인해 우측 상단의 '내 정보'를 클릭하면, '회원 정보 조회 및 변경', '로그인 이력' 등을 보실 수 있습니다.

네이버 검색 광고의 광고 시스템 화면의 광고 만들기 화면입니다.

먼저 화면 좌측 상단의 '광고 만들기'를 클릭하면, 광고할 수 있는 유형을 볼 수 있습니다. 이를 '캠페인'이라고 부르며, 대분류에 해당됩니다.

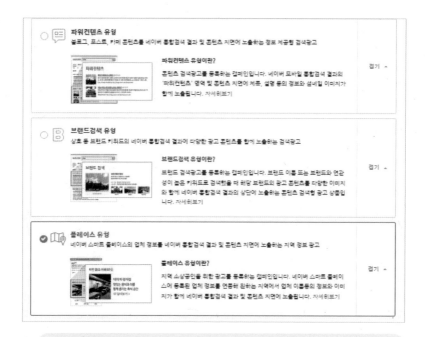

'캠페인'의 유형은 크게 '파워링크 유형', '쇼핑검색 유형', '파워 콘텐츠 유형', '브랜드 검색 유형', '플레이스 유형' 등 다섯 가지로 구분됩니다. 광고 목적에 따라 캠페인 유형이 달라지며, 여기서는 다섯 번째 '플레이스 유형'에 대한 설명을 드립니다.

'플레이스 유형'을 선택하면, 광고할 업체와 캠페인의 이름과 예산, 광고 기간 등을 설정할 수 있습니다. '캠페인 이름'은 광고주 입장에서 관리하기 위한 이름이므로, 관리가 용이한 이름으로 정해주면 됩니다. 고객에게는 보이지 않습니다.

플레이스 유형 화면입니다.

   '하루 예산'은 해당 캠페인에서 집행될 광고 금액의 최대치를 정해 주는 것입니다. 예를 들어, 하루 예산을 5,000원으로 설정하면 광고가 집행되더라도 하루 예산이 모두 소진되면 해당된 날짜의 캠페인 광고 는 더 이상 집행되지 않습니다. 그리고 기간은 광고가 노출되는 '시작 및 종료 날짜'를 설정해줄 수 있습니다.

※ '하루 예산'의 최대 비용은 캠페인은 30,000원, 광고그룹은 20,000원입니다.

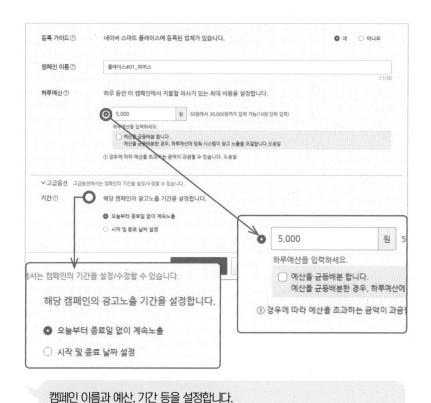

캠페인 이름과 예산, 기간 등을 설정합니다.

 그다음에는 '중분류'에 해당하는 '광고그룹' 만들기입니다. '광고그룹'의 유형은 크게 '플레이스 검색'과 '지역 소상공인 광고' 등 두 가지로 구분되는데, 여기서는 '플레이스 검색'에 대해 설명을 드립니다.

광고그룹 만들기에서 '플레이스 검색' 선택 화면입니다.

'플레이스 검색'을 선택하면, '광고그룹'에 대한 '이름'과 '업체 정보',
'하루 예산'과 '광고 노출 기간' 등을 정할 수 있습니다.

광고그룹 이름과 업체 정보 화면입니다.

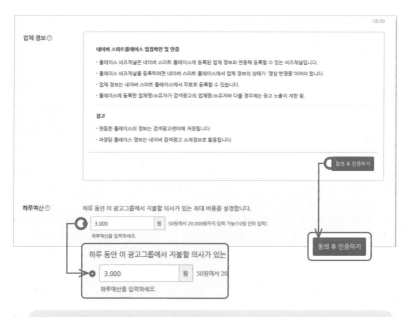

등록업체 인증과 하루 예산 설정 화면입니다.

'등록 가이드'에서 '네이버 스마트플레이스'에 등록할 업체가 있다고 하면, '동의 후 인증하기'를 클릭하고, 업체를 선택해줘야 합니다.

이제 '광고 만들기'의 마지막 단계인 '소분류'에 해당하는 '광고 소재' 입니다. '소재 만들기'에서 '업체 홍보 문구'를 입력합니다. 이때 스마트플레이스 등록 시 등록한 이미지를 불러와서 광고에 활용할 수 있습니다.

광고 소재 만들기 화면입니다.

참고하세요!
· 하단 "저장 후 닫기" 버튼을 클릭 후 소재가 생성됩니다.
· 플레이스의 소재 정보 수정은 네이버 스마트 플레이스에서만 수정 가능합니다. (단, 업체 소개 문구와 선택된 이미지는 수정이 불가능합니다.)
· 네이버 스마트 플레이스에서 수정한 소재 정보는 약 2시간 후 광고시스템에 반영됩니다..

검토 요청: 소재 등록시 검토 담당자에게 전달할 서류나 내용이 있나요?   ○ 네   ● 아니오

> 광고에 보여줄 이미지 조정 화면입니다.

 광고에 보여줄 이미지 조정이 끝났으면, 소재 등록 시 검토 담당자
에게 전달할 서류나 내용이 없으면, '아니오'를 선택하고, '광고 만들기'
를 클릭하면 광고 등록이 다 끝납니다.

> 광고 등록하기 화면입니다.

등록한 광고가 노출되기 위해서는 네이버 광고 담당자의 검수가 완료된 다음, 광고가 노출됩니다.

담당자 검수 완료 화면입니다.

검수 후 노출된 광고 화면입니다.

광고 집행 후 '네이버 검색 광고' 메인 화면에서 '광고성과 요약'과 '평
균 광고비', '비즈머니' 잔액 등 간단한 현황을 볼 수 있습니다. 좀 더 자
세한 현황을 보시려면, 메뉴에서 '보고서'를 클릭하면 '다차원 보고서'
를 통해 엑셀의 '피벗 테이블 방식'의 다양한 보고서를 볼 수 있습니다.

메뉴에서 '보고서'를 클릭하면 다양한 보고서를 볼 수 있습니다.

플레이스 광고를 진행히고 광고 전과 광고 후의 광고 결과를 통계
에서 확인할 수 있습니다. 스마트플레이스 화면 좌측 메뉴에서 통계를
클릭하면, '리포트'에서 매주 일주일 단위의 '요약'을 볼 수 있습니다.
그러면 광고 전과 광고 후의 방문 수 등의 차이를 확인할 수 있습니다.
또한, 유입 채널에도 플레이스 광고를 통한 유입이 늘어나는 것을 확
인할 수 있습니다.

플레이스 광고 사례 ① 광고 전 화면입니다.

플레이스 광고 사례 ① 광고 후 화면입니다.

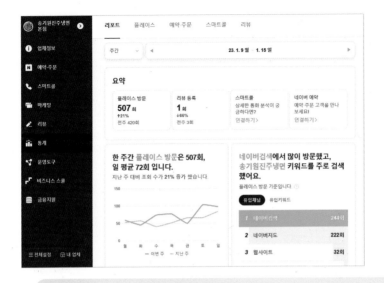

플레이스 광고 사례 ② 광고 전 화면입니다.

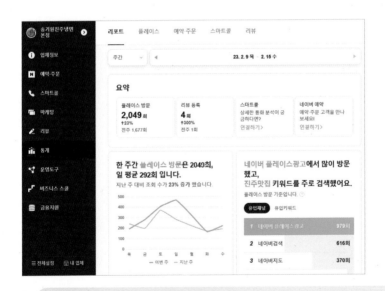

플레이스 광고 사례 ② 광고 후 화면입니다.

플레이스 광고,
꼭 해야 할까요?

어떠신가요? 지금까지 플레이스 광고에 대해 알아봤는데 여전히 고민에 빠진 사장님들도 있을 것입니다. "이거 꼭 해야 하나요?", "광고할 시간에 매장 관리에 더 힘쓰는 게 맞지 않을까요?", "이것저것 신경 쓸 것도 많은데 광고까지 신경 써야 한다니 머리가 아프네요" 하면서 좋은 광고 도구가 있음에도 아직까지 광고의 중요성을 실감하지 못하는 분들이 꽤 있습니다.

저는 광고가 꼭 필요하다고 생각합니다. 플레이스 광고가 얼마나 중요한 것인지 잘 이해가 안 된다는 분들은 다시 그 중요성을 점검하셔야 합니다. 물론 광고를 안 해도 스마트플레이스 업체 등록을 마쳤다면, 네이버 검색 결과에 노출되기는 합니다. 하지만 어디에 노출될지 모른다는 점입니다. 상위에 노출될 수도 있지만, 하위에 노출될 수도 있습니다. 내 플레이스가 어디에 노출될지 모른다는 것은 망망대해에

표류하고 있는 배와 같다는 이야기입니다.

상단 노출을 위한 플레이스 광고 팁

상단 노출을 원하는 사장님들은 이미 알고 있습니다. 플레이스 광고가 정말 중요하다는 것을요. 플레이스 광고를 하면 검색 결과 상단에 내 가게가 노출되고, 네이버 통합 검색 결과에도 노출됩니다. PC, 모바일 둘 다 노출이 됩니다. 플레이스 정보들만 보는 플레이스 서비스 페이지에도 노출이 됩니다. 네이버 지도 웹이라든지 앱에서도 노출이 됩니다. 그중에서도 가장 중요한 사실은 상단에 노출이 된다는 것입니다.

상단 노출을 노리려면 플레이스 광고를 등록할 때 일단 기본 정보를 잘 기입하는 것이 중요합니다. 플레이스 광고는 스마트플레이스에 등록된 정보를 기반으로 광고가 노출되기 때문입니다.

지인이 제게 이런 질문을 했습니다. "내가 플레이스에 등록을 했는데 검색 결과에 정보 노출이 왜 안 되는 거죠?" 제가 확인을 했더니 영업시간이 노출되어 있시 않았습니다. 지인이 영업시간을 적는 란에 정보를 작성하지 않았기 때문에 발생한 현상인데, 정작 본인은 그것을 모르고 있더란 이야기죠.

영업시간뿐만 아니라 특정 키워드, 매장 사진도 마찬가지입니다. 정보를 등록할 때 기입하지 않으면 당연히 정보는 노출되지 않습니다. 스마트플레이스의 기본 정보들을 꽉꽉 채워서 잘 작성해야만 광고의 노출 효과도 그만큼 커집니다. 내가 게을러서, 헷갈려서, 깜빡해서 못한 것을 남 탓할 수는 없는 일입니다.

스마트플레이스 기본 정보뿐만 아니라 신제품이 나왔다거나, 할인을 한다거나 쿠폰을 준다거나 등, 뭔가 조금 더 어필하고 싶은 문구가 있다면 플레이스 광고에서 업체 홍보 문구로 입력을 할 수 있습니다.

리뷰도 광고할 때 리뷰수라든지, 리뷰 점수가 다 노출이 되기 때문에 관리를 잘해야 합니다. 고객들이 리뷰를 남겼을 때 좀 빠르게 답변을 사장님들께서 해서 리뷰 관리, 고객 관리를 하면 굉장히 효과적입니다. 고객이 리뷰를 올리면 할인 혜택을 준다든가, 쿠폰 발행을 한다든가 하는 혜택을 부여하면, 고객들이 더 적극적으로 리뷰 참여를 할 것입니다.

네이버 예약이나 네이버 톡톡을 함께 활용하는 것도 좋은 팁입니다. 소비자 입장에서는 네이버 예약을 받는 매장, 톡톡을 활용하는 매장에 대한 신뢰가 상당히 높습니다.

네이버페이도 마찬가지죠. 한 번에 원 클릭으로 예약, 문의, 결제 등의 편리한 시스템을 이용할 수 있다는 점은 매장에 대한 신뢰도를 높입니다. 당연히 이런 시스템을 활용하지 않는 매장보다 이용하고 있는 매장을 방문하고 구매할 확률이 높아집니다.

선택적 광고로 노출도 잡고, 비용도 아끼고

광고를 할 때 사장님들이 가장 많이 질문하는 내용은 역시나 '돈'에 관한 이야기입니다. 즉, 광고비로 얼마를 책정해야 하느냐의 문제인 것이죠. "얼마를 써야 하나요?", "얼마를 투자해야 하나요?"라는 질문이 쏟아질 수밖에 없습니다. 매출을 올리는 게 중요한 만큼, 그 매출을 올리기 위해 쓰는 '비용'에 대해서 민감한 것이 당연하기 때문입니다.

플레이스 광고를 할 때 포인트는 하루 예산을 잘 책정하는 것입니다. 이 하루 예산을 설정하지 않으면 내가 예상한 것보다 광고비가 많이 나가서 놀랄 수 있습니다.

광고를 등록할 때 비즈머니를 충전하게 됩니다. 일단 비즈머니 잔액이 있는 상태에서 광고가 집행되기 때문에 다 쓰고 0원이 되면서 빨리 소진될 수 있습니다. 따라서 내가 쓸 수 있을 만큼의 예산을 세팅해놓는 게 좋습니다.

플레이스 광고를 만들 때 캠페인과 광고그룹을 만드는 단계가 있는데, 여기에서 하루 예산을 책정할 수 있습니다. 캠페인 하루 예산은 50원에서 3만 원까지 10원 단위로 입력할 수 있습니다. 한 달 예산이 아닌, 하루 예산이기 때문에 내가 한 달에 만약에 30만 원을 광고비로 쓸 예정이라고 하면, 30분의 1 금액인 만 원을 캠페인의 예산을 설정하면 됩니다.

캠페인에서도 이렇게 예산 설정을 하실 수 있는데, 광고그룹에서도 하루 예산을 책정할 수 있습니다. 캠페인에서만 할 수도 있고, 광고그룹에서만 할 수 있고, 또 두 개 모두 하루 예산을 책정하는 것이 가능합니다.

광고그룹의 경우는 하루 예산을 50원부터 2만 원까지 입력할 수 있습니다. 여기서도 마찬가지로 10원 단위로 입력을 할 수 있습니다. 즉, 캠페인은 최대 3만 원 예산 설정이 가능하고, 광고그룹은 최대 2만 원까지 예산 설정이 가능하다는 것을 꼭 기억해주세요.

그런데 캠페인에서는 예산 설정 밑에 '예산을 균등 배분합니다'라는 내용이 있습니다. 캠페인에서만 있는 기능인데, 예산 균등 배분은 예산 안에서 시간대별로 고르게 광고를 노출하고 싶을 때 사용하는 기능입니다. 이렇게 하면 광고비 예산이 적다고 하더라도 시간대별로 노출이 되어 중간에 광고가 꺼지는 일이 없습니다.

이는 장점이기도 하지만 단점이 되기도 합니다. 왜냐하면 매장 운영의 피크타임이 존재하기 때문입니다. 고객들이 내 가게를 검색하는 시간대가 따로 정해져 있거나 편중되어 있다면, 그 시간에 집중적으로 광고가 노출되는 것이 더욱 효과적이기 때문입니다. 예를 들면, '오후 3시에 많이 검색한다' 이럴 경우에는 오후 3시에 집중적으로 광고 노출되는 게 더 좋습니다.

사장님 입장에서 광고 노출이 필요한 요일과 시간대를 설정하면 광고비를 아낄 수 있습니다. 내가 세팅한 요일과 시간에는 광고가 노출되고, 불필요한 요일과 시간대에는 선택적으로 노출하지 않게 정보 설정을 할 수 있다는 점도 플레이스 광고의 장점입니다.

그리고 주 고객을 선택해 광고 노출을 할 수도 있습니다. 10대, 20대가 주 고객이라면 10대, 20대만 설정해서 광고 노출을 할 수 있습니다. 정보를 입력할 때 광고가 불필요한 연령대가 있다면 체크해서 노출 제외를 하고, 필요한 연령대는 광고 노출로 선택을 하면 됩니다. 성

별도 선택할 수 있는데, 만약 주로 여성이 방문하는 매장이라면 여성에게만 광고 노출을 할 수 있습니다.

광고에서 타깃팅은 중요한 개념입니다. 모두에게 광고를 하는 것보다 어느 특정 대상을 광고 대상으로 삼고, 집중적으로 공략하는 것이 더욱 효과적입니다. 광고그룹에서는 매체 설정도 할 수 있습니다. PC보다 모바일에서 우리 플레이스를 많이 찾는다면, 모바일에서만 광고를 선택적으로 할 수 있습니다. 예를 들어 모바일을 많이 사용하고, 30~40대이면서 서울 지역에 사는 여성을 특정해 타깃팅을 할 수 있다는 이야기입니다.

타깃팅을 잘하면 클릭률이 올라갈 수밖에 없습니다.

클릭률을 올리는 또 다른 팁으로는 업체 홍보 문구를 등록하고, 광고 시스템 홍보 문구를 꼭 작성하는 것입니다. 거기에 이미지도 잘 활용해서 광고를 노출했을 때 괜찮은 이미지가 뜨는지도 점검합니다.

내가 광고를 잘하고 있는지 걱정이 된다면, 다른 경쟁사의 광고를 살펴보고 비교해보는 과정도 큰 도움이 됩니다. 내가 올린 이미지와 경쟁사가 올린 이미지는 어떻게 다른지, 어떤 이미지가 클릭을 더 유발하는 이미지인지 점검해보는 것이 중요합니다. 보기에도 좋은 음식이 맛도 좋을 거라고 기대하는 심리는 어느 분야에나 적용되는 말입니다. 이미지 찍기에 자신이 없다면 전문업체에 의뢰하는 것도 한 가지 방법입니다.

광고를 집행하고 일주일 정도는 테스트 기간으로 삼아 내가 실행한 광고가 제대로 돌아가고 있는지, 효과적인지 지켜봐야 합니다. 만약 별 효과가 없는 것 같다면 타깃팅을 바꿔본다든가, 이미지를 교체한다든가, 홍보 문구를 수정한다든가 해서 보다 효과적인 광고를 위해 다각도로 노력해야 합니다. 세상에 공짜로 얻어지는 결과물은 없습니다. 노력하는 자만이 달콤한 결과물을 얻을 수 있습니다.

에필로그

스마트 시대를
살아가며 살아남는 방법

코로나19 팬데믹을 지나 위드 코로나, 이제 바야흐로 단계적 일상 회복의 시기를 지나고 있습니다. 사업주님들도 코로나가 끝나면 코로나 이전으로의 생활로 회복될 것으로 기대했습니다. 하지만 그 기대감도 잠시, 이제는 고물가와 고환율, 경기 침체 등 여러 악재가 매장 사업주님들의 앞길을 가로막고 있습니다. 저 또한 온라인 쇼핑몰을 운영하다 보니 사업주님들의 어려움을 직접 체감하고 있습니다.

이런 어려움을 극복하기 위해서는 어떤 방법이 있을까요? 변화하는 비즈니스 환경에 적응하고, 비즈니스를 성장시키는 데 도움이 될 수 있는 새로운 마케팅 전략, 즉 지금까지 해왔던 오프라인 홍보 방식뿐만 아니라 온라인 마케팅도 동시에 해야 합니다. 비즈니스 환경이 바뀌면 마케팅 방식도 변해야 합니다. 이제는 마냥 가게에서 손님을 기다리는 시대가 아닙니다. 사업주가 직접 나서서 좀 더 적극적으로 손님들이 매장에 찾아올 수 있도록 홍보해야 합니다. 이제는 온라인 마케팅은 선택이 아닌 필수가 되어버렸습니다.

매장 사업주님들을 만나면 항상 여쭤보시는 질문이 있습니다. 주로 네이버에서 어떻게 해야 상위노출할 수 있는지에 대한 문의입니다. 내 매장을 네이버에서 상위노출을 하게 하려면 무엇을 해야 할까요? 네이버에서는 검색 키워드와 검색 트래픽, 위치와 상세 정보, 거리, 고객 리뷰 등을 종합해 반영한다고 공식적으로 밝히고 있습니다. 우리는 이 지점에서 네이버를 통해 쉽게 그 해답을 찾을 수 있습니다. 네이버에서 제공하는 스마트플레이스에 정확하고, 자세한 정보 입력과 꾸준한 관리를 통해 지속적으로 노출하는 것이 고객들에게 더 다가가는 일입니다. 거기에 네이버의 다양한 서비스를 함께 활용하면 금상첨화겠죠. 네이버 블로그 포스팅, 네이버 모두 홈페이지 제작, 네이버 예약과 스마트 주문 서비스 세팅 및 활용, 그다음 우리 매장의 주요 키워드를 꾸준히 체크해 관리하는 것이 필수입니다.

요즘 장안의 화제인 챗 GTP에게 고객 유입과 매출 증대에 대해 물어봤습니다. 당연히 온라인 검색을 통해 고객 유입을 늘리면, 확실히 매출 증가로 이어진다고 답을 하더군요. 다음은 챗 GTP의 답변을 정리해 검색 트래픽 및 판매를 늘리기 위해 사용할 수 있는 몇 가지 전략을 제시합니다.

① 검색 엔진에 맞게 웹 사이트 최적화 : 검색을 통해 고객 유입을 늘리려면 웹 사이트가 검색 엔진에 최적화되어 있는지 확인해야 합니

다. 여기에는 검색 엔진이 사이트를 더 쉽게 크롤링하고 색인을 생성할 수 있도록 웹 사이트의 콘텐츠, 키워드 및 메타 설명을 최적화하는 작업이 포함됩니다. 여기서 말하는 웹 사이트를 '스마트플레이스'로 해석해도 됩니다.

② 양질의 콘텐츠 생성 : 웹 사이트에 고품질의 유익한 콘텐츠를 생성하면 검색 엔진 순위를 높이고, 사이트에 더 많은 고객을 유치하는 데 도움이 될 수 있습니다. 여기에는 제품이나 산업과 관련된 블로그 게시물, 제품 리뷰 또는 사용 방법 가이드가 포함될 수 있습니다.

③ 소셜 미디어 활용 : 소셜 미디어는 신규 고객을 유치하고 웹사이트 트래픽을 유도하는 좋은 방법입니다. 제품을 홍보하고 소셜 미디어에서 유익한 콘텐츠를 공유함으로써 검색을 통해 사이트를 찾지 못한 잠재 고객을 유치할 수 있습니다.

④ 타깃 광고 캠페인 실행 : Google Ads 또는 Facebook Ads와 같은 플랫폼을 통해 타깃 광고 캠페인을 실행하면, 매장이나 상품에 관심이 있는 신규 고객을 유치할 수 있는 좋은 방법이 될 수 있습니다. 특정 키워드와 인구통계를 활용해 타깃 마케팅하면 웹 사이트로 더 관련성 높은 트래픽을 유도할 수 있습니다.

⑤ 프로모션 또는 이벤트 제공 : 프로모션 또는 이벤트를 제공하는 것은 신규 고객을 유치하고 구매를 유도하는 좋은 방법이 될 수 있습니다. 여기에는 첫 구매 시 할인을 제공하거나 특정 상품을 판매하는 것이 포함될 수 있습니다.

이런 전략을 실행하면 검색을 통해 매장으로 유입되는 고객을 늘릴 수 있으며, 이는 판매 및 수익 증가로 이어질 수 있습니다. 가능한 최상의 결과를 위해 노력을 최적화하려면 결과에 따라 전략을 지속적으로 분석하고 조정해야 합니다.

어떻습니까? 챗 GTP도 웹 사이트(스마트 플레이스) 최적화와 양질의 콘텐츠, 타깃 광고, 프로모션 또는 이벤트에 그 답이 있다고 하지 않습니까? 그렇습니다. 사업주님들이 직접 운영하시는 스마트플레이스에서 이 모든 것을 할 수 있습니다.

저와 함께 대표님 매장의 스마트플레이스를 함께 관리해보시죠. 네이버 상위노출의 그날까지, 대한민국의 대표님들을 응원합니다.

강남구청역 사무실에서

전원택

네이버 예약, 주문 서비스 이용약관 개정

1. 이용 정책 개정일 : 2022년 12월 22일 목요일
2. 네이버 예약, 주문 서비스 이용약관 개정 항목

개정 전

제8조 (리뷰)

① "이용자"는 "서비스"를 통해 예약이나 주문 후 이용한 상품 등의 리뷰를 등록할 수 있으며, 리뷰의 저작권은 당 리뷰의 저작자에게 귀속합니다.

② 리뷰의 등록으로 인해 저작권 침해 등 "이용자"와 제3자 사이에 분쟁이 발생하는 경우 이와 관련한 일체의 책임은 해당 리뷰를 등록한 "이용자"에게 있습니다.

③ "회사"는 "사업자회원"의 요청에 따라 "이용자"가 등록한 리뷰를 "사업자회원"의 사이트 또는 네이버 서비스 내에 노출할 수 있도록 제공하거나 협조할 수 있습니다. 단, "회사"는 "사업자회원"이 자신의 사이트에서 리뷰를 운영하는 것에 관여하지 않으며, 이에 대하여 어떠한 책임도 부담하지 않습니다.

④ "이용자"가 등록한 리뷰는 네이버 플레이스 서비스 등에서 '리뷰' 정보로 노출되는데, '리뷰'의 명칭은 "회사"의 정책에 따라 '방문자 리뷰', '주문자 리뷰', '예약자 리뷰' 등으로 변경될 수 있습니다. 또한, "회사"는 리뷰 제도의 원활한 운영을 위하여 "이용자"의 리뷰 작성 시 유의사항 및 "회사"의 조치 등에 관한 구체적인 사항을 방문자 리뷰 이용정책 등 별도의 이용정책으로 정하여 운영할 수 있습니다. 이에 따라 "이용자"는 리뷰 작성 및 게시에 있어 방문자 리뷰 이용정책을 확인하고 준수하여야 합니다.

개정 후

제8조 (리뷰)

① "이용자"는 "서비스"를 통해 예약이나 주문 후 이용한 상품 등의 리뷰를 등록할 수 있으며, 리뷰의 저작권은 당 리뷰의 저작자에게 귀속합니다.

② 리뷰의 등록으로 인해 저작권 침해 등 "이용자"와 제3자 사이에 분쟁이 발생하는 경우 이와 관련한 일체의 책임은 해당 리뷰를 등록한 "이용자"에게 있습니다.

③ "회사"는 "사업자회원"의 요청에 따라 "이용자"가 등록한 리뷰를 "사업자회원"의 사이트 또는 네이버 서비스 내에 노출할 수 있도록 제공하거나 협조할 수 있습니다. 단, "회사"는 "사업자회원"이 자신의 사이트에서 리뷰를 운영하는 것에 관여하지 않으며, 이에 대하여 어떠한 책임도 부담하지 않습니다.

④ "이용자"가 등록한 리뷰는 네이버 플레이스 서비스 등에서 '리뷰' 정보로 노출되는데, '리뷰'의 명칭은 "회사"의 정책에 따라 '방문자 리뷰', '주문자 리뷰', '예약자 리뷰' 등으로 변경될 수 있습니다. 또한, "회사"는 리뷰 제도의 원활한 운영을 위하여 "이용자"의 리뷰 작성 시 유의사항 및 "회사"의 조치 등에 관한 구체적인 사항을 플레이스 리뷰 이용정책 등 별도의 이용정책으로 정하여 운영할 수 있습니다. 이에 따라 "이용자"는 리뷰 작성 및 게시에 있어 플레이스 리뷰 이용정책을 확인하고 준수하여야 합니다.

방문자 리뷰 이용 정책, MY플레이스 이용 정책 개정

1. 이용 정책 개정일 : 2022년 12월 22일 목요일
2. 방문자리뷰 이용정책 명칭 변경
   방문자 리뷰 이용정책이 '플레이스 리뷰 이용정책'으로 변경됩니다.
3. 플레이스 리뷰 이용정책 개정 항목

개정 전

1. 네이버 플레이스 방문자 리뷰 안내

네이버 플레이스 서비스에서는 네이버 예약서비스를 통해 예약이나 주문을 하여 상품 등을 이용하거나, 네이버 MY플레이스 서비스 등을 통해 영수증을 제출하는 방법으로 네이버 플레이스 등록 업체(이하 '업체') 방문 사실을 인증한 네이버 회원(이하 '회원')이 작성한 리뷰(이하 '방문자 리뷰')가 게시됩니다.

네이버 플레이스 방문자 리뷰 이용정책은 회원이 네이버 플레이스 방문자 리뷰를 작성, 게시함에 있어 유의사항과 관련 법령 또는 네이버 이용 약관에 반하는 부적절한 활동에 대한 네이버(이하 '회사')의 조치를 규정하는 것을 목적으로 합니다. 본 이용정책에서 별도의 언급이 없는 내용은 네이버 이용약관 및 게시물 운영정책을 따릅니다.

개정 후

1. 네이버 플레이스 리뷰 안내

네이버 플레이스 서비스에서는 네이버 예약서비스를 통해 예약이나 주문을 하여 상품 등을 이용하거나, 네이버 MY플레이스 서비스 등을 통해 장소 방문 또는 이용 사실을 인증하는 방법으로 네이버 플레이스 등록 업체(이하 '업체') 방문 사실을 인증한 네이버 회원(이하 '회원')이 작성한 리뷰(이하 '플레이스 리뷰')가 게시됩니다.

네이버 스마트플레이스를 통해 네이버 플레이스 또는 네이버 예약사업주(이하 '사업주')가 작성한 리뷰 답글이 회원이 작성한 리뷰와 함께 게시됩니다.

플레이스 리뷰는 회원이 작성한 리뷰와 사업주가 작성한 리뷰 답글을 모두 포함합니다.

네이버 플레이스 리뷰 이용정책은 회원과 사업주가 네이버 플레이스 리뷰와 리뷰 답글을 작성, 게시함에 있어 유의사항과 관련 법령 또는 네이버 이용 약관에 반하는 부적절한 활동에 대한 네이버(이하 '회사')의 조치를 규정하는 것을 목적으로 합니다. 본 이용정책에서 별도의 언급이 없는 내용은 네이버 이용약관 및 게시물 운영정책을 따릅니다.

2. 방문자 리뷰 작성 시 금지행위

회사는 네이버플레이스 서비스의 신뢰성을 제고하기 위하여 아래와 같은 방문자 리뷰 작성 행위를 금지합니다.

가. 타인의 권리(지식재산권, 초상권 등)나 명예, 신용, 기타 정당한 이익을 침해하는 경우

나. 사회 공공질서나 미풍양속에 위배되는 경우

다. 범죄행위와 관련된 내용을 포함하는 경우

라. 허위 또는 과장 광고 내용을 포함하는 경우

마. 불법물, 음란물 또는 청소년 유해매체물의 게시, 등록 또는 이와 관련된 물품의 홍보, 사이트를 링크하는 등의 경우

바. 정보통신기기의 오작동을 일으킬 수 있는 악성코드나 데이터를 포함하는 경우

사. 관련 법령에서 정하거나 정당한 권한을 가진 정부기관 등의 요청 등이 있는 경우

아. 다음 각 목과 같이 업체 정보와 무관한 내용을 게시하는 등으로 네이버 플레이스 서비스 방문자 리뷰의 본래 목적에 어긋나는 경우

1) 업체 방문 또는 이용 사실 없이 허위로 작성하는 경우

2) 업체 이용 경험과 무관하거나 의미 없는 내용을 반복적으로 작성하거나(도배글 등) 그러한 내용의 사진(내용 식별이 불가능한 사진, 바닥 사진, 화면 캡처 사진, 개인 정보가 포함된 사진 등)을 포함하는 경우

3) 정당한 근거 또는 설명 없이 무분별하게 별점 3점 미만인 방문자 리뷰를 반복적으로 작성하는 경우

자. 기타 회사가 제공하는 서비스의 원활한 진행을 방해하는 것으로 판단되는 경우

2. 플레이스 리뷰 작성 시 금지행위

회사는 네이버 플레이스 서비스의 신뢰성을 제고하기 위하여 아래와 같은 플레이스 리뷰 작성 행위를 금지합니다.

가. 타인의 권리(지식재산권, 초상권, 개인정보 등)나 명예, 신용, 기타 정당한 이익을 침해하는 경우

나. 사회 공공질서나 미풍양속에 위배되는 경우

다. 범죄행위와 관련된 내용을 포함하는 경우

라. 허위 또는 과장 광고 내용을 포함하는 경우

마. 불법물, 음란물 또는 청소년 유해매체물의 게시, 등록 또는 이와 관련된 물품의 홍보, 사이트를 링크하는 등의 경우

바. 정보통신기기의 오작동을 일으킬 수 있는 악성코드나 데이터를 포함하는 경우

사. 관련 법령에서 정하거나 정당한 권한을 가진 정부기관 등의 요청 등이 있는 경우

아. MY플레이스 이용정책 제3조 회원의 금지행위로 리뷰를 작성하는 경우

자. 업체 이용 경험과 무관하거나 의미 없는 내용을 반복적으로 작성하거나, 타인에게 불쾌감을 주는 표현 또는 부적절한 사진을 게시하는 등으로 네이버 플레이스 리뷰의 본래 목적에 어긋나는 경우

차. 기타 회사가 제공하는 서비스의 원활한 진행을 방해하는 것으로 판단되는 경우

개정 전

3. 이용 제한

가. 방문자 리뷰 제한

1) 노출 제한 : 방문자 리뷰가 전항 각 호에 해당한다고 판단되는 경우 네이버 이용약관, 게시물 운영정책 및 네이버 예약 이용자 이용약관 등에 따라 해당 방문자 리뷰는 사전 통보 없이 노출이 제한될 수 있으며, 회원은 고객센터를 통해 이의신청을 할 수 있습니다.

2) 게시중단 : 게시중단 요청 서비스에 따라 권리 침해를 주장하는 자에 의한 게시중단 요청이 있는 경우 30일간 방문자 리뷰의 게시가 중단되며, 회원은 게시중단 요청 서비스 절차에 따라 이의신청을 할 수 있습니다(회원의 이의신청 내지 정당한 소명이 없는 경우 해당 방문자 리뷰는 리뷰 공개 영역에서 삭제되며, 복원 조치를 할 수 없습니다).

나. 방문자 리뷰 작성 회원에 대한 서비스 이용 제한

전항 각 호에 해당하는 방문자 리뷰를 작성한 회원의 경우, 네이버 예약 이용자 이용약관 내지 운영정책에 따라 네이버 예약서비스의 이용이 제한되거나, 네이버MY플레이스 이용정책에 따라 네이버MY플레이스 서비스 이용이 제한될 수 있습니다.

개정 후

3. 이용 제한

가. 플레이스 리뷰 제한

① 노출 제한 : 플레이스 리뷰가 전항 각 호에 해당한다고 판단되는 경우 네이버 이용약관, 게시물 운영정책 및 MY플레이스 이용정책 등에 따라 해당 회원의 플레이스 리뷰는 사전 통보 없이 노출이 제한될 수 있으며, 회원은 고객센터를 통해 이의신청을 할 수 있습니다.

② 게시중단 : 게시중단 요청 서비스에 따라 권리 침해를 주장하는 자에 의한 게시중단 요청이 있는 경우 30일간 플레이스 리뷰의 게시가 중단되며, 회원은 게시중단 요청 서비스 절차에 따라 이의신청을 할 수 있습니다(회원의 이의신청 내지 정당한 소명이 없는 경우 해당 플레이스 리뷰는 리뷰 공개 영역에서 삭제되며, 복원 조치를 할 수 없습니다).

나. 전항 각 호에 해당하는 플레이스 리뷰를 작성한 회원 또는 답글을 작성한 사업주의 경우, 네이버 예약 이용자 이용약관 내지 운영정책에 따라 네이버 예약 서비스의 이용이 제한되거나, MY플레이스 이용정책에 따라 MY플레이스 서비스 이용이 제한될 수 있습니다.

4. 방문자 리뷰의 사용

회사는 업체 사업주(이하 '사업주')의 요청에 따라 방문자 리뷰를 사업주의 사이트 또는 네이버 서비스 내에 노출할 수 있도록 제공하거나 협조할 수 있습니다. 단, 회사는 사업주가 자신의 사이트에서 방문자 리뷰를 운영하는 것에 관여하지 않으며, 이에 대하여 어떠한 책임도 부담하지 않습니다.

회사는 방문자 리뷰를 검색결과나 프로모션 등 네이버 플레이스 서비스, 네이버 예약 서비스(제휴 서비스를 통한 노출을 포함) 및 네이버 MY플레이스 서비스와 관련된 목적 범위 내에서 무상으로 사용할 수 있으며, 회사의 사용목적에 따라 필요한 범위 내에서 일부 수정, 복제, 편집하여 사용할 수 있습니다. 단, 회원은 언제든지 고객센터 및 신고하기 등을 통해 해당 게시물에 대해 삭제, 미노출 등의 조치를 요청할 수 있습니다.

4. 플레이스 리뷰의 사용

회사는 플레이스 리뷰를 검색결과나 프로모션 등 네이버 플레이스 서비스, 네이버 예약 서비스(제휴 서비스를 통한 노출을 포함) 및 MY플레이스 서비스와 관련된 목적 범위 내에서 무상으로 사용할 수 있으며, 서비스 개선 및 새로운 서비스 개발을 위한 연구 개발 목적을 위해 사용할 수 있고, 회사의 사용목적에 따라 필요한 범위 내에서 일부 수정, 복제, 편집하여 사용할 수 있습니다. 단, 회원은 언제든지 고객센터 및 신고하기 등을 통해 해당 게시물에 대해 삭제, 미노출 등의 조치를 요청할 수 있습니다.

회원이 작성한 플레이스 리뷰는 '회사'의 내부적인 기준에 따라 MY플레이스 방문 또는 이용 인증에 문제 없음이 인정되는 등 높은 수준의 신뢰도가 확인된 리뷰만 게시 및 노출될 수 있습니다.

MY플레이스 이용 정책 개정 안내

1. 이용 정책 개정일 : 2022년 12월 22일 목요일
2. 플레이스 리뷰 이용정책 개정 항목

<table>
<tr><td>

개정 전

네이버 MY플레이스 이용정책은 네이버 이용 약관에 동의하고 회원 가입한 네이버 회원(이하 '회원')이 네이버 MY플레이스 서비스를 이용함에 있어 유의사항과 관련 법령 또는 네이버 이용 약관에 반하는 부적절한 활동에 대한 네이버(이하 '회사')의 조치를 규정하는 것을 목적으로 합니다.

네이버 MY플레이스 서비스에 관한 제반 사항은 본 네이버 MY플레이스 서비스 이용정책에서 별도의 언급이 없는 한 네이버 이용약관을 따르며, 네이버 MY플레이스 서비스에 게시되는 리뷰 내용에 관한 유의사항 및 이용 제한에 관한 사항은 네이버 플레이스 방문자 리뷰 이용정책을 따릅니다.

네이버 MY플레이스 이용정책 변경 시에는 초기 화면의 링크를 통해 사전에 공지합니다.

개정 후

MY플레이스 이용정책은 네이버 이용 약관에 동의하고 회원 가입한 네이버 회원(이하 '회원')이 MY플레이스 서비스를 이용함에 있어 유의사항과 관련 법령 또는 네이버 이용 약관에 반하는 부적절한 활동에 대한 네이버(이하 '회사')의 조치를 규정하는 것을 목적으로 합니다.

MY플레이스 서비스에 관한 제반 사항은 본 MY플레이스 서비스 이용정책에서 별도의 언급이 없는 한 네이버 이용약관을 따르며, MY플레이스 서비스에 게시되는 리뷰 내용에 관한 유의사항 및 이용 제한에 관한 사항은 네이버 플레이스 리뷰 이용정책을 따릅니다.

MY플레이스 이용정책 변경 시에는 MY플레이스 공식 블로그와 MY플레이스 서비스 초기 화면의 링크를 통해 사전에 공지합니다.

</td></tr>
</table>

<table>
<tr><td>

개정 전

1. 네이버 MY플레이스 이용 안내

네이버 MY플레이스는 회원이 네이버 플레이스 등록 업체를 직접 방문한 사실을 영수증으로 인증한 후 영수증 리뷰를 작성 및 게시하고, 네이버 예약 이용 약관에 동의하고 네이버 예약 서비스를 통해 예약이나 주문 후 이용한 상품 등에 관하여 리뷰를 작성한 경우 해당 리뷰를 확인할 수 있는 서비스입니다.

네이버 MY플레이스 서비스(이하 '서비스') 중 영수증 인증 및 영수증 리뷰 작성은 실명 확인이 완료된 네이버 계정으로만 이용 가능하고, 네이버페이 이용약관 및 '영수증 수집 및 이용 동의'에 대한 최초 1회 동의가 필요합니다.

</td></tr>
</table>

회원이 작성한 영수증 리뷰는 MY플레이스 서비스 내에 게시 및 노출되며, MY플레이스 영수증 제출기준에 따른 방문 인증이 인정되는 등 신뢰도가 확인된 리뷰만 네이버 플레이스 서비스에 게시 및 노출될 수 있습니다.

개정 후

1. MY플레이스 이용 안내

MY플레이스는 회원이 네이버 플레이스 등록 업체 또는 네이버 예약, 주문 서비스 업체를 직접 방문 및 이용 사실을 회사가 제공하는 방법으로 인증한 후 리뷰를 작성 및 게시하고, 네이버 예약 이용 약관에 동의하고 네이버 예약 서비스를 통해 예약이나 주문 후 이용한 상품 등에 관하여 리뷰를 작성한 경우 해당 리뷰를 확인할 수 있는 서비스입니다.

MY플레이스 서비스(이하 '서비스') 중 방문 및 이용 사실 인증 및 리뷰 작성은 실명 확인이 완료된 네이버 계정으로만 이용 가능합니다. 회사는 회원이 업체를 직접 방문 또는 이용한 사실을 여러 수단으로 인증할 수 있도록 새로운 인증 방법을 제공하고 그에 맞는 이용 동의를 요청할 수 있습니다. 영수증 리뷰는 네이버페이 이용약관 및 '영수증 수집 및 이용 동의'에 대한 최초 1회 동의가 필요합니다.

회원은 동일한 장소의 리뷰를 하루에 한 번만 작성할 수 있습니다. 회원이 작성한 플레이스 리뷰는 '회사'의 내부적인 기준에 따라 MY플레이스 방문 또는 이용 인증에 문제 없음이 인정되는 등 높은 수준의 신뢰도가 확인된 리뷰만 게시 및 노출될 수 있습니다.

개정 전

2. 네이버 MY플레이스 영수증 인증 보상 정책

회사는 서비스를 통해 영수증을 인증한 회원에게 이벤트성 보상을 제공할 수 있습니다. 영수증 인증에 따른 보상은 네이버 실명 확인 계정 중 1개 계정으로만 지급받을 수 있습니다. 이벤트성 보상은 내부 기준에 따르며, 외부에 공개하지 않습니다. 해당 정책은 추후 공지 후 중단될 수 있습니다.

개정 후

2. MY플레이스 이벤트, 프로모션 정책

회사는 이벤트 또는 프로모션을 통해 회원에게 보상을 제공할 수 있습니다. 이벤트 또는 프로모션 기준에 따른 보상은 네이버 실명 확인 계정 중 1개 계정으로만 지급받을 수 있습니다. 이벤트, 프로모션에 대한 설명과 당첨자 선정 기준은 각 이벤트 페이지에 게시됩니다.

3. 회원의 금지행위

회사는 서비스의 신뢰성을 제고하기 위하여 회원의 서비스 이용 시 아래와 같은 행위를 금지합니다.

가. 회사가 제공하는 서비스 이용방법에 의하지 아니하고 비정상적인 방법으로 서비스를 이용하거나 시스템에 접근하는 행위

나. 타인의 명의를 도용하여 회사가 제공하는 서비스를 이용하는 행위

다. 회사가 게시한 정보의 무단 변경 또는 회사가 정한 정보 이외의 정보(컴퓨터 프로그램 등) 등의 송신 또는 게시 행위

라. 영수증 제출기준에 맞지 않는 영수증을 제출하여 방문 인증 후 리뷰를 작성하는 행위

마. 네이버페이 포인트 등을 부정하게 확보할 목적 등으로 다음과 같이 서비스의 본래 목적이나 취지에 반하여 서비스를 이용하는 행위

1) 동일한 영수증을 지속적, 반복적으로 제출하는 행위

2) 메신저 또는 다른 매체로(ex 카톡, 밴드) 영수증을 전달받아서 제출하는 행위

3) 동일인이 수 개 네이버 계정을 이용하여 서비스를 이용하는 행위

4) 회원이 직접 방문하지 않은 장소 또는 타 업체의 영수증을 제출하여 방문 사실을 거짓 인증하는 행위

5) 영수증 정보와 일치하지 않는 업체를 매칭하여 지속적으로 방문 사실을 거짓 인증하는 행위

6) 영수증이 아닌 것(이미지, 문자나 계좌 캡처사진 등)을 제출하여 방문 사실을 거짓 인증하는 행위

바. 네이버플레이스 방문자 리뷰 이용정책을 위반하는 행위

사. 기타 불법적이거나 서비스 목적에 반하는 부당한 행위

3. 회원의 금지행위

회사는 서비스의 신뢰성을 제고하기 위하여 회원의 서비스 이용 시 아래와 같은 행위를 금지합니다.

가. 회사가 제공하는 서비스 이용방법에 의하지 아니하고 비정상적인 방법으로 서비스를 이용하거나 시스템에 접근하는 행위

나. 타인의 명의를 도용하여 회사가 제공하는 서비스를 이용하는 행위

다. 회사가 게시한 정보의 무단 변경 또는 회사가 정한 정보 이외의 정보(컴퓨터 프로그램 등) 등의 송신 또는 게시 행위

라. 영수증 제출기준에 맞지 않는 영수증을 제출하여 방문 인증 후 리뷰를 작성하는 행위

① 필수정보가 없는 영수증으로 반복적으로 인증하는 행위(업체명, 업체주소, 업체 전화번호 또는 사업자등록번호, 결제일시, 결제승인번호, 결제금액)

② 장소가 아닌 곳(인터넷 쇼핑몰, 택배, 관리비 영수증, 택시 등)을 반복적으로 방문 인증하는 행위

③ 제출 대상이 아닌 영수증(약봉투, 진료비 영수증, 수기 영수증 등)으로 반복 인증하는 행위

④ 업체 방문 경험이 종료된 환불된 영수증으로 인증하는 행위

마. 방문 또는 이용 사실을 거짓 인증하여 고의적으로 리뷰를 작성하는 경우 등으로 다음과 같이 서비스의 본래 목적이나 취지에 반하여 서비스를 이용하는 행위

① 동일한 영수증을 지속적, 반복적으로 제출하는 행위

② 직접 촬영하지 않은 영수증을 메신저(ex. 카톡, 라인, 네이버밴드 등) 또는 다른 매체로 (ex. 클라우드 서비스, 기기간 전송 등) 전달받아서 제출하거나 파일을 다운받아서 제출하는 행위

③ 동일인이 수 개 네이버 계정을 이용하여 서비스를 이용하는 행위

④ 회원이 직접 방문하지 않은 장소 또는 타 업체의 영수증을 제출하여 방문 사실을 거짓 인증하는 행위(가족, 지인 등 전달받은 영수증 포함)

⑤ 결제 정보와 일치하지 않는 업체를 매칭하여 지속적으로 방문 사실을 거짓 인증하는 행위

⑥ 영수증이 아닌 것(이미지, 문자나 계좌 캡처사진 등)을 제출하여 방문 사실을 거짓 인증하는 행위

⑦ 훼손된 영수증 또는 조작된 영수증으로 인증하는 행위

⑧ 부정거래(허위거래)를 발생시켜 인증하는 경우

('허위거래'란 신용카드 현금융통, 리뷰 조작, "회사" 제공 이벤트 쿠폰·적립금 편취를 목적으로 하는 거래, 사업주/이용자가 노출·순위, 리뷰 등을 조작하기 위해 사전에 부당하게 협의한 거래 등 모든 부정거래행위를 말합니다.)

⑨ 직원, 가족 등 지인 간에 부당한 목적 및 방법으로 방문 또는 이용 사실을 인증하는 경우

⑩ 기타 회사가 정하지 않은 방식으로 시스템에 접근하여 이용 사실을 인증하는 경우

바. 플레이스 리뷰 이용정책을 위반하는 행위

사. 기타 불법적이거나 서비스 목적에 반하는 부당한 행위

4. 서비스 이용제한

회원이 제3항을 위반하여 금지 행위를 하였다고 판단되는 경우 회사는 사전 통보 없이 금지 행위와 관련된 해당 리뷰를 삭제하거나 열람을 제한할 수 있으며, 영수증 인증 등을 통해 기 적립된 네이버페이 포인트의 일부 또는 전부가 회수될 수 있습니다.

회원의 위반행위 내용 및 정도 등 서비스의 정상 운영에 영향을 미치는 요소에 따라 회사는 회원의 서비스 이용을 일시적 또는 영구적으로 정지할 수 있고, 서비스의 이용이 영구적으로 정지된 회원의 영수증 리뷰는 서비스 및 플레이스 업체 상세페이지에 노출되지 않습니다.

회사가 네이버페이 포인트의 회수, 서비스 이용의 정지를 하는 경우 회원이 제공한 전자우편 주소, (휴대)전화번호 등의 방법으로 통지하며, 회원에게 원칙적으로 3영업일 이상의 기간을 정하여 이의신청의 기회를 부여합니다. 단, 회원의 관련 법령, 약관, 서비스이용정책 등 위반 행위가 중대하다고 판단될 경우에는 이의신청 기회를 부여하지 않을 수 있습니다.

4. 서비스 이용제한

회원이 제3항을 위반하여 금지 행위를 하였다고 판단되는 경우 위반 행위 내용 및 정도 등 서비스의 정상 운영에 영향을 미치는 요소에 따라 회사는 사전 통보 없이 아래와 같이 회원의 서비스 이용을 제한할 수 있습니다.

가. 금지 행위를 하였다고 판단되는 계정의 리뷰를 모두 숨김 처리하거나 열람을 제한할 수 있습니다.

나. MY플레이스 활동(영수증 인증 등) 또는 이벤트, 프로모션을 통해 기 적립된 네이버페이 포인트의 일부 또는 전부가 회수될 수 있습니다.

다. 회원의 서비스 이용을 일시적 또는 영구적으로 정지할 수 있고, 서비스 이용이 정지된 회원의 리뷰는 모두 숨김 처리되어 서비스에 노출되지 않습니다.

라. 서비스의 이용이 영구적으로 정지된 회원은 회원이 소유한 다른 네이버 실명 계정도 함께 서비스 이용이 영구적으로 제한될 수 있으며, 해당 계정에 MY플레이스 영수증 인증, 활동 또는 이벤트 등을 통해 기 적립된 네이버페이 포인트의 전부가 회수될 수 있습니다.

회사가 네이버페이 포인트의 회수, 서비스 이용의 정지를 하는 경우 회원이 제공한 전자우편 주소, (휴대)전화번호, 서비스 내 팝업 등의 방법으로 통지하며, 회원에게 원칙적으로 3영업일 이상의 기간을 정하여 이의신청의 기회를 부여합니다. 단, 회원의 관련 법령, 약관, 서비스 이용정책 등 위반행위가 중대하다고 판단될 경우에는 이의신청 기회를 부여하지 않을 수 있습니다.

※ 2022년 12월 22일부터는 기존에 영수증 리뷰에만 적용되었던 리뷰어 서비스 이용제한을 예약, 주문 및 모든 플레이스 리뷰로 확대하여 적용될 예정입니다.

서비스를 정상적으로 이용하지 않거나 허위 예약을 발생시켜 방문을 인증 후 작성하는 리뷰어에 대해서는 MY플레이스 서비스의 이용이 일시적 또는 영구적으로 정지되어 그동안 작성한 리뷰가 모두 숨김 처리되거나 열람이 제한될 수 있으며, 영수증 인증, 활동 또는 이벤트 등을 통해 기 적립된 네이버페이 포인트의 전부가 회수될 수 있습니다.

서비스 이용에 참고 부탁드립니다.

[출처] 방문자 리뷰 이용정책, MY플레이스 이용정책 개정 안내

3개월 안에 매출 300% 오르는
네이버 플레이스

제1판 1쇄 2023년 5월 8일
제1판 3쇄 2024년 3월 13일

지은이   전원택
펴낸이   허연   **펴낸곳**   매경출판(주)
기획제작 (주)두드림미디어
책임편집 최윤경, 배성분   **디자인**   얼앤똘비악earl_tolbiac@naver.com
마케팅   김성현, 한동우, 김지현

매경출판㈜
등록 2003년 4월 24일(No. 2-3759)
주소 (04557) 서울시 중구 충무로 2(필동1가) 매일경제 별관 2층 매경출판㈜
홈페이지 www.mkbook.co.kr
전화 02)333-3577
이메일 dodreamedia@naver.com(원고 투고 및 출판 관련 문의)
인쇄·제본 ㈜M-print   031)8071-0961
ISBN 979-11-6484-539-2 (03320)

**책 내용에 관한 궁금증은 표지 앞날개에 있는 저자의 이메일이나
저자의 각종 SNS 연락처로 문의해주시길 바랍니다.**

책값은 뒤표지에 있습니다.
파본은 구입하신 서점에서 교환해드립니다.